YOUTH!

幸福力

BE HAPPY

，

TEN MODULES OF CAPABILITY

十大模块助你塑造长久幸福的能力。

公寓数字化美育

DIGITAL AESTHETIC EDUCATION IN COLLEGE DORMITORIES

陈郁 盛莉 匡小静 著

中国青年出版社

A _课程设置

B_学习模式

C_模块清单

课程 COURSE

DESIGN 设置

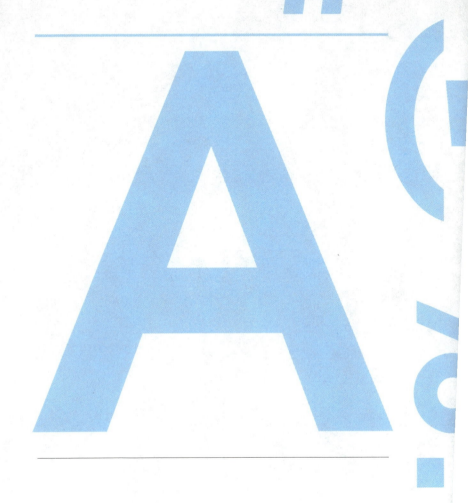

※ 课程设置缘起

1. 生活即教育

住在学生宿舍的伙伴们，你是否想过，生活本身就像老师，咱们从日常生活的点点滴滴中能学到很多东西。比如，咱们遇到问题或者与别人发生冲突的时候，这些事情都可以变成学习的机会。老师、辅导员、同学或者家长都可以帮助咱们从中学习，让咱们变得更加成熟。

你是否觉得，教育的真正目的，就应该是让人们的生活变得更好，提升生活品质？教育应该关注人们真正的需求，比如，学会一些实用的生活技能，这样才能更好地适应社会。

你是否觉得，学习不应该只在教室里进行，生活中的每个角落都是自己的课堂？参与学校生活、社区服务或者社会活动，让自己在实际操作中学知识，这样咱们就能让自己密切融入社会，有机会承担社会责任。

生活在不断变化，咱们自己也得跟上步伐，不断学习新的东西。教育就是为了帮助自己应对这些变化，提升能力和素养。

总的来说，你是否觉得，“生活就是教育”这个观点特别有道理？它让咱们明白，教育不仅是生活的一部分，也是咱们生活中不可或缺的东西。沉浸在这样的教育理念中，咱们自己不仅可以学到很多实践技能，还能提升对生活的理解并更好地承担社会的责任。

现在教育部有规定，要推进“一站式”学生社区综合管理模式。通过这一模式，学生可以在同一平台上获取课程信息、学习资源、生活服务信息。这个规定越来越受到学校的重视了，因为它对于帮助学生全方位发展特别有用。原本散落在各处的教育资源都能系统化地整合成课程来学。这不仅是教育的一大创新，而且对于提升中国学生的职业素质超级重要。

《中华人民共和国教育法》规定，教育要培养德智体美劳全面发展的社会主义建设者和接班人。这一规定强调了教育的全面化和多元化，与“生活即教育”的理念相辅相成。

2. 关于校园数字化生活环境

住在学生宿舍的伙伴们，最近关注大学的新校园新设施了吗？它们超级先进，全是数字化的东西。你看，那个智能灯光和安保系统，就是用物联网技术设计的，让人感觉特别科幻；还有咱们的数据中心，牛啊！集合了全校的信息，数据共享交换的速度快极了，能使效率翻倍。

对了，你听说过智慧应用吗？教学、科研、管理中都有它的身影。教室、图书馆，连门禁系统都智能化了。网络安全也得到了保障，让咱们上网更加放心。

云服务也很给力，包括云存储、云桌面等，师生们在哪儿都能获取需要的资源。

不少学校已经有了移动校园 App，真是方便。支付、办公、学习，用手机一点就搞定。最炫的是人工智能的应用，如语音识别和推荐系统等，使用起来未来感爆棚。

说白了，这些高科技的加持，让校园生活更方便、舒适和安全。不仅让咱们在校园里生活得更愉快，也为将来走向社会，做出更多、更厉害的东西奠定基础。

学校的数字化生活管理有哪些？咱们可以留心一下，对这些内容的了解，有助于咱们步入社会适应得更快。

因此，现在咱们在校园公寓生活，要重视数字化的应用学习。毕竟，社会上已经出现了很多这样的环境，虚拟和现实随时切换，就像在游戏中一样，不是吗？

3．生活自理能力与就业能力的关系

住在学生宿舍的伙伴们，你有没有想过，像咱们这样能自己搞定日常琐事，比如打理自己的钱财、保持健康，还能处理情绪问题，这些都挺牛的吧？自己决定事情、自己思考做得怎么样，这些都算是独当一面了。

对了，说到就业，你觉得自己准备得怎么样？想要就业，得有一套技能，对吧？还得了解自己喜欢啥、想干啥，然后寻找合适的工作岗位，做得风生水起。这些都跟你的生活自理和自立能力有关。你知道吗，过好生活，其实对工作也有帮助。想想看，如果你生活上能自给自足，就不会给家人、朋友或者社会添麻烦，那么你就有更多的时间和精力去提升自己的职业技能了。另外，如果你工作能力强，不仅能找到工作，还能胜任工作，获得相应的收入，生活质量也就上去了，自然而然职场生存发展的能力也就提高了。

许多关于职业能力的研究还发现，能自己照顾自己的人在工作上也更能胜任，对自己的满意度也更高。为啥呢？因为这样的人自我管理能力强，解决问题也利索，对新工作适应得快，面对工作中的压力和挑战也能应对自如。反过来，如果在生活上都依赖别人，那他在工作中遇到难题可能就手足无措了。所以说，提高自己的独立生活能力，其实也是在帮自己更好地适应工作环境。工作做得出色，自己感觉也更满足。这就是我最近想通的道理，住在学生宿舍的伙伴们，你们觉得呢？

还有一个认知，各位伙伴要分清：就业能力不是指打工能力。

就业能力是指个人在寻找、获得、保持工作和在工作中进步所需的能力和素质，包括个人能够获得、保持以及晋升职务所需的能力，例如专业技能、沟通能力、团队合作能力、领导力、解决问题的能力、自我管理能力等。这些能力对于个人职业生涯的发展至关重要。

而打工能力更侧重于从事某种具体工作或职业的能力，更偏向于实际操作和技能方面。虽然打工能力也是就业能力的一部分，但就业能力的内涵更为广泛，涵盖了个人在职业生涯中所需的各种能力和素质。

4. 目前大学生在校常见的问题

住在学生宿舍的伙伴们，你们知道吗，好多同学刚上大学的时候心理挺脆弱的，有的还没缓过劲就得开始新的学习生活了。咱们的教育体系之前好像总是忽略了让学生去了解真正的工作体验的教育，对待青年情感问题也不够重视。就好像某些高中老师总是说："等你上了大学就自由了，没人管你，想怎么玩就怎么玩。"结果很多人一上大学就迷茫了，完全不知道大学生活究竟应该是怎样的，对毕业后的工作相关问题也没什么准备。

进了大学之后，原本高中毕业前就应该具备的生活自理能力，很多人都没掌握好。大学生活一开始，就得处理各种人际关系，有的同学因此挺苦恼的。更别说宿舍管理人员了，他们有时候更像是在评判学生，而不是帮咱们学会如何处理人际关系和沟通交流。而且，大学里也没给咱们留出时间来逐步适应像职场那样的生活节奏。从教室到食堂再到图书馆，一成不变，咱们习惯了这样的生活，毕业了突然要面对上班通勤、做饭、打理居住空间的新生活，压力真的挺大的，毕竟上学的时候根本就没训练过这些。

根据中国人民大学和美国康奈尔大学关于学生就业的研究，中国学生留学回国找工作后，适应期通常需要三个月，而欧美学生只需要一到两个月。虽然国内没有这样的专门的研究，但听说很多老师都遇到过毕业生因为适应不良回学校求助的情况。有些国企央企的 HR（人力资源）负责人说，咱们这些毕业生要三到六个月才能适应职场生活，比欧美毕业生要慢多了。

所以，咱们要重视在公寓中学习生活的自理能力培养和实践，这是步入社会前的最后机会。

5．大学时代的审美能力培育

伙伴们，咱们来聊聊大学时代的审美力培养吧，这段时间可是黄金时期哦！学校里不仅有各种资源和平台，还有超级多的时间机会呢！

审美力可是超级有价值的！它不仅能提升咱们的个人素养，让咱们对生活中的美好更加敏感，还能帮咱们形成独特而深刻的见解。想象一下，走在校园里，看到那些美丽的风景和建筑，你的内心是不是也会变得超级满足和愉悦呢？

另外，审美力还能拓展咱们的思维领域哦！在感知美的过程中，咱们需要运用想象力和创造力，这就能锻炼咱们的思维能力啦！以后不管是学习还是工作，这些能力都能帮咱们在职场和人生道路上走得更远。

再来说说审美力对塑造健康人格的重要性吧。通过欣赏和创造美，咱们能感受到内心的满足和愉悦，增强自信心和自尊心。同时，它还能帮咱们形成正确的价值观和人生观，让咱们变得更加积极向上。

别忘了，审美力还能促进社会和谐哦。在大学时代，咱们培养了审美力，就能更加关注社会的美好事物，增强社会责任感和使命感。同时，通过审美活动，咱们还能与他人建立更加紧密的联系，让社会变得更加和谐与稳定。

那么，大学时代培养审美能力有哪些有利条件呢？这里有丰富的教育资源，优秀的老师、丰富的课程和先进的教学设施。这些都为咱们培养审美力提供了有力保障。

还有，大学校园可是个开放的平台，提供了广泛的实践机会。通过参加各类文化活动、社团活动和参观艺术展览，咱们能接触到不同领域的美，拓宽自己的审美视野。

最重要的是，大学时代咱们有充足的自由时间。咱们可以自主学习、实践探索，深入挖掘自己的兴趣和潜力，不断提高自己的审美素养。

别忘了，大学还是文化传承和创新的重要基地。在这里培养审美力，咱们就能更加深入地了解和传承传统文化，同时能推动文化的发展和创新呢！

伙伴们，大学时代真的是个超级棒的培养审美力的时期。咱们一定要好好把握这些机遇和资源哦！让咱们一起努力，提高自己的审美素养，为未来的成长和发展奠定坚实的基础，加油！

※ 课程设置目标

1. 查遗补漏，培养生活自理的基本能力

住在学生宿舍的伙伴们，进入大学后，作为大学生现在终于可以自己独立生活了，是不是感觉挺新鲜的？就比如说，咱们现在得自己搞定洗衣、吃健康餐、做饭、打扫卫生、自己管理作息时间等这些日常琐事。这些事都在考验人的独立生活能力。对了，搬到新宿舍后，你适应得怎么样？大多数人开始都是不习惯。新环境、新朋友都融入自己的生活，这还挺有挑战性的。

说到交朋友，你是不是也觉得在学校里，跟别人打交道是个技术活？你得主动出击。有时候处理些小矛盾，就是在锻炼一种社交能力。遇到难题你怎么办？先试着找到问题的症结，然后想办法解决它。这个过程真的能锻炼人。

钱的事情更是大学生活的一门必修课。你是不是现在就开始规划怎么花钱了？尝试不要太任性地买东西，也不要背负债务，你会感觉自己成熟了不少。同时，更重要的是自己能挣钱，毕竟这是独立生存的基本技能。时间管理嘛，这个真是让人头疼。得平衡好学习和玩的时间，不能老是拖延，不然事情一多就慌了。你的自我管理能力怎么样？能尽量对自己的行为冷静分析、自我激励，情绪也得自己调节，这才是真正的成长。

学习新技能这事，你有没有什么心得？我觉得，保持好奇心，随时准备学点新东西，这才是大学生活的精髓呢。咱们得保持这种学习的热情，不断进步。

2. 让审美能力的种子在适宜的环境中孕育

说到审美，你有没有发现，其实咱们周围的生活处处都有美？就算是咱们的穿着打扮，也能反映出咱们的品味。你是否和舍友、同学讨论过、思考过，来自五湖四海的咱们，如何在日常生活中更好地传承咱们的文化这个问题？你知道吗？我在校园里都到处能发现中国文化的痕迹，这挺有意思的。

3. 践行人生幸福的生活理念

伙伴们，说到幸福生活，其实就是咱们每天都能过得开心、满足，感觉人生有方向、有动力。那么，具体什么才算是幸福生活呢？

第一，幸福生活得有“小确幸”。就是你平时能发现身边的“小美好”，比如吃到喜欢的零食、和朋友一起打游戏、考试取得好成绩，或者是和爸妈一起看电影，在秋天的萧瑟中看见满地落叶上的斑驳色彩，在低头忙碌时偶尔抬头看见云卷云舒。这些小小的快乐，就是幸福生活里的“小确幸”啦。

第二，幸福生活也得有“大梦想”。就是你得有个远大的目标，比如想成为科学家、艺术家、运动员、某一领域的“大神”，或者是想为社会做点什么。有了这些“大梦想”，你就会有方向，有动力去努力、去实现它。这个过程虽然辛苦，但每次进步一点点，都会让你觉得特别幸福。

第三，再来说说咱们中国青年的幸福观吧。我觉得，首先得脚踏实地。也就是说，咱们得实事求是，根据自己的实际情况去制定目标，去努力。不要盲目跟风，也不要好高骛远。只有脚踏实地，才能走得更稳、更远。

第四，要“有担当”。这就是说，咱们得有责任感，愿意为社会、为国家作出贡献。比如，可以参加志愿服务、公益活动，或者是用自己的知识和技能去帮助别人。这样，你就能体验到帮助他人的快乐，也能让自己的生活更有意义。

梦想只要是咱们真心想要实现的，就值得去追求。在追求梦想的过程中，咱们会不断成长、不断进步，也会体验到更多的幸福和快乐！

伙伴们，幸福生活其实就在咱们身边，只要咱们用心去发现，去努力，去付出，就一定能过上自己想要的生活！加油！

※ 课程相关概念解读

嘿，最近有不少住在学生宿舍的伙伴们对咱们的“青年幸福力——大学生公寓数字化美育”课程挺感兴趣的，但感觉有点蒙，公寓我知道是住的地方，但放在这课程里是什么意思呢？来，咱们这就聊聊这个问题。

1. 课程中的“公寓”

这个“公寓”指的就是学校专门给学生住的宿舍。学生公寓，有人管理，住进去和搬出来的时间都是定好的，租期还挺长的。学校就是想让咱们住得安全、舒服，出入方便。这宿舍，具体条件怎么样可能还得看学校的情况，但基本的东西肯定有，比如床、桌子、衣柜之类的，还有公用的浴室和厕所。在咱们国家，一般宿舍里住六到八个人，床都是上下铺的。还有，为了保障安全，宿舍大多装了门禁和摄像头，让咱们住得放心，也有自己的私密空间。学生公寓除了提供住宿，还是生活和学习的实践应用场所。

2．课程中的“数字化”

说到数字化，那是不是就涉及像计算机或者 App 这些当代科技的东西？对！就是用现代的科技来改善咱们的居住环境，让生活变得更美好。

你有没有注意到，现在的世界，几乎所有东西都变成数字版了。比如，咱们平时看的视频、听的音乐，甚至图书，都能在网上找到。这就是所谓的数字化，就是把原本的实体内容变成电脑能读懂的数据。就好像咱们现在用的手机、电脑，无论是工作还是娱乐，都依赖这些数字化的东西。比如，咱们用电子邮件、微信、QQ 等程序和朋友交流，即使他们在世界的另一端，也能即时沟通。网上购物也是一样，不用出门，点点鼠标就能买到想要的东西。

想想看，用社交软件和家人朋友分享生活点滴，或者用手机支付，多简单啊。现在的智能家居，说句话灯就亮了，真是越来越像科幻片里的生活了。总的来说，数字化让咱们的生活变得更高效，体验也更新奇。

3．课程中的“美育”

美育是什么呢？

美育，简单来说就是关于美的教育，就是通过接触各种艺术来培养自己的审美能力和创造力，它的意义可不是非得让咱们当个画家或音乐家什么的。其实，它更像是给咱们的日常生活加点调料，让那些平平无奇的日子变得有滋有味。想象一下，当你学会了欣赏一幅画，或者听懂了一首曲子，因大自然的美景触发了你的诗词歌赋脱口而出，你会发现平时那些看似无聊的时光，突然间都有了新意。美育就是一种奇妙的魔法，能让你感觉到，哪怕是最普通的一天，都充满了生机和活力。

美育就像体育锻炼一样，也需要不断的积累，咱们去看画展、参观博物馆、参观美术馆、听音乐会、跳舞、看戏、旅游、摄影，甚至读小说、看影视剧、做手工，等等，都是美育的一部分。参加这些活动，那种美的感觉和内心的共鸣能让咱们感到超级满足，搞艺术的过程可以让咱们对美变得更加敏感，评价艺术作品的水平也会越来越高，就像慢慢变成一位品酒师那样，对艺术的了解和喜爱也会水涨船高。

说到表达自己，艺术活动简直就是一个超级棒的出口。无论是情感还是想法，通过艺术，咱们都能找到一种特别的方式去分享和交流，这样也能让咱们的情感表达和人际交往水平上一个新台阶。

更酷的是，美育能激发咱们的创意和想象力。你看，画画、写诗、跳舞、唱歌，这些都能让咱们的脑洞大开。欣赏艺术作品还能让咱们学会更细致地观察世界，思考问题也会更有创意，对于解决日常生活中的小难题也是挺有帮助的。接触不同的艺术形式，不仅能让审美能力提升，批判性思维也会跟着提升，可能还会有助于学习成绩的提升呢。多角度看问题，这不就是高手解决问题的必备技能嘛！

最后，美育也是了解不同文化的桥梁。了解各种艺术形式，不就是在进行多元文化的交流吗？这样咱们对于不同的文化就会更尊重，也更乐于分享和理解。所以说，美育不仅是艺术课堂上的事情，它还在咱们的生活里扮演着超级多的角色呢。

总之，美育对个人的全面发展是超级有帮助的，而且通过艺术，咱们可以更好地理解和尊重不同的文化，这在多元的社会里面特别有价值；艺术还能帮助推动创新，对社会的经济和科技发展都有好处。就是这样，美育不仅能让个人生活变得有趣，还能促进社会的进步。从艺术中找乐子，激发创造力，这些都能让咱们的生活更加丰富多姿。没错，通过美育还能增强自信心和自尊心，它提供了一个表达情感、思想和个人观点的途径，帮助自己提高自我表达和沟通的能力。

B

学习 LEARNING MODES 模式

伙伴们，你习得的生活技能，不是靠一个名师的授课，而是靠你静下心来的思考、梳理和实践而得到的。

“知止而后有定，定而后能静，静而后能安，安而后能虑，虑而后能得。物有本末，事有始终。知所先后，则近道矣。”（《礼记·大学》）咱们在处理事务时要懂得事物的本质和发展顺序，这样才能更接近真理和理想。

1．课程的知识点只需查阅不需要背诵

住在学生公寓的伙伴们，你们知道吗？本课程的知识点其实更像是图书馆里的工具书，咱们需要的时候去翻一翻，找到对自己有用的信息就好，不需要整本书都背下来。把知识当作你手边的小工具，用的时候拿起来，用完了就放回去，这样学习会轻松很多，也能更好地理解和应用知识呢！人生很长，希望你们走出校园后，遇到难以解决的生活问题时，可以拿出这本手账看看是否有新的思路。

2．运用同侪学习法高效培养解决问题的能力

伙伴们，你们听说过同侪学习法吗？它其实就是先自学基础知识点，再与伙伴们一起学习的一种方法。用这个方法，咱们可以通过小组讨论、合作和互相交流来掌握新知识，目的是解决问题。同侪学习法可以让学习更轻松且能促进深度思考，这样学习超级有趣。同侪学习法有以下三层乐趣：

首先，同侪学习法就像玩游戏一样。咱们在小组里互相帮助，不仅能培养团队协作能力，还能在不知不觉中加深对知识的理解和记忆。

其次，咱们还能学到很多沟通和社交技巧，让学习过程变得更有趣味。和大家一起克服困难会提升成就感。

最后，咱们向同伴解释概念或一起讨论问题的过程会加强咱们的自我反思和评估能力。这样咱们的学习就会更开放、多元！

现在社会变化很快，为了咱们的职业发展及提升参与社会事务和面对全球挑战的能力，学会如何解决问题真的非常重要。同侪学习法就能帮助咱们培养这些能力。通过集体讨论、辩论和案例分析，咱们可以加强分析能力、评估能力和建立自己观点的能力。参与真实世界的项目学习，也能让咱们学会如何面对和处理问题。

另外，同侪学习法还能激发创新和创造力，让咱们敢于提出新颖的想法和尝试新的实践。在团队合作中，咱们也能学会如何与他人合作、沟通和解决矛盾。这对于处理复杂问题真的非常有帮助呢！

3. 课程同侪学习法的三个特色工具

伙伴们，我来给大家介绍本课程中三款超级酷的学习工具。它们都是为“青年幸福力——大学生公寓数字化美育”这门课专门开发并实践过的，很受大家欢迎的哦！

1> 学习引擎

它其实是一套导引问题，是学习的抓手。它能引导咱们自修自查，并和伙伴们一起讨论问题，激发咱们的思考。每次讨论，都是一次倾听他人、理解不同观点的机会。打开这个引擎，就像打开了一个充满知识和乐趣的宝藏。

2> 学习手账

这个真的太有用了！本书既有“青年幸福力——大学生公寓数字化美育”课程的十大能力知识点，同时也预留了手账空间。手账空间可以帮咱们记录下自己独立生活能力构建的过程。不管是在课堂上学习，还是在学校里的日常生活，它都是咱们的好帮手，是学习过程和思考过程以及实践过程的记录。希望很多年后，当你们翻看这本手账时，会回想起大学时期美好又真实的瞬间。

3> 学习贴纸

这个简直是表达心情的利器！你可以用这本书里配的贴纸，也可以去买自己喜欢的主题贴纸，或者自己画些小插图贴上去。总之，怎么开心怎么来，让学习变得更有趣、更轻松！

4. 课程同侪学习效果的评价标准

伙伴们，大部分的课程修学分都需要参加考试。“青年幸福力——大学生公寓数字化美育”课程不进行考试，只看实际应用的效果。不考知识点，不考理论，评价结果取决于你居住的学生公寓的“四个度”：

一是整齐度，包括床铺、床底、书桌、衣橱等室内及公寓周边的整齐程度；二是洁净度，包括居住空间是否有灰尘、污渍、刺鼻气味，物品可以旧但不能脏；三是舒适度，包括舍友关系是否和谐、气氛是否融洽，是否尊重每个人的个性，是否尊重差异；四是虚拟环境安全度，包括网络人设的健康建设情况、各类账号是否安全，以及有无不良借贷等。

伙伴们，生活就是你在这世上走过的路。其中有学习、有工作、有休息、有娱乐，有喜怒哀乐、有苟且，还有诗和远方。你会遇到真情，也会遇到挫折和坎坷。不管怎样，同侪都是我们连接这个世界的方式，就让我们在“青年幸福力——大学生公寓数字化美育”课程中尽可能熟练掌握同侪学习的技巧吧。毕竟，未来的生活中，我们会需要这项技术来帮我们解决很多问题。

5. 课堂学习规则

1> 建立学习小组：

5—7 人 / 组（自由组合，保持单数）。

2> 学习时间分配：

2 课时（45 分钟+45 分钟 =90 分钟）/ 次，学习 3 个番茄钟（每个番茄钟为 25 分钟），中间休息 2 次（7 分钟+8 分钟 =15 分钟）。

3> 轮值学习小组组长，负责管理学习的进度，保证学习效率。

4> 保障课堂学习顺利完成，体验项目微管理流程。

A LIST FOR TEN MODULES OF CAPABILITY

模块清单

※ 安全力模块——掌握基础生存能力，活着才能有美好

1. 安全力是什么

住在学生公寓的伙伴们，安全可是咱们生存的基础，要是没有安全，其他的事情就都没有意义了。安全力就是能保证咱们安全生存的一种能力，它让咱们避免危险、不受到威胁，也规避发生意外事故。在学生公寓生活的这段时间，是锻炼和提升咱们的安全力的好机会。这个阶段咱们不仅要学习如何保护自己，还要学以致用，为在学校公寓的安全住宿和以后进入社会做好准备。

2. 安全力涉及哪些方面

伙伴们，在学生公寓里住，安全隐患主要考虑物理空间安全、数字化空间安全、性健康安全、防范 PUA 能力、防范借贷陷阱能力等五大方面，这是在进入社会前，融入集体生活和将来独立生活应具备的基本意识和能力。

1> 物理空间安全

没有安全保障的公寓，可真谈不上啥美好生活。因为只有安全得到保障，才能看到美好呀！生活中最常见的是用电安全隐患，别怪宿管叔叔阿姨的唠叨，毕竟一栋楼里住着那么多人，小疏忽引起的火灾或逃生踩踏的事情都曾经发生过，轻则损失

财产，重则丢掉自己和他人的生命，这都是血的教训。现在住学生公寓，毕业后住居民楼，养成好习惯可以保命。

① 过载：如果大家同时用太多电器，会导致电路过载，增加火灾风险。要合理安排电器使用，不要超负荷。

② 插座被易燃物覆盖：多个插头接在一个插座上容易导致插头过热，若覆盖易燃物，如纸、蚊帐布，容易引起火苗。要保持插座不被覆盖。

③ 不当使用电线：使用老化、破损或不合格的电线会增加短路、漏电的风险。要确保使用符合安全标准的电线，定期检查。

④ 使用不合格电器：购买低价低质量的电器可能存在安全隐患。要选择符合安全标准的电器，并定期维护。

⑤ 长时间无人监管：离开房间时不关闭电器设备，会增加发生电器故障和火灾的风险。应确保离开前关闭所有电器。

⑥ 使用不当电器：在公寓中使用不适合居住环境的电器如电炉、电热毯等，可能引发火灾。要遵守公寓规定，只用符合要求的电器。

⑦ 忽略电器维护：不定期清洁电器、不更换老化插座等，会增加发生故障和火灾的风险。要定期检查和清洁电器设备。

⑧ 消防设施不完备：消防设施数量不足或损坏，会影响火灾应对效果。要定期检查消防设施，确保完备有效。

⑨ 不懂得施救：不知道灭火器和消防水龙头的准确位置及正确使用方法，就是放弃独立生活的必备技能。在学校认真学习灭火器的使用，关键时刻可以保命。

⑩ 安全通道不畅：安全通道被杂物堵塞或门锁被损坏，会影响紧急逃生。保持通道畅通，及时修理损坏的地方，不仅是卫生习惯，更是保命的习惯。

⑪ 人员管理不到位：公寓的人员管理不严格，会给不法分子提供机会。要加强人员管理，完善访客登记制度。

关注上述这些基本方面可以大大提高咱们在学生公寓里的安全力哦。一定要重视这些安全问题，保护好自己和大家的安全！

2> 数字化空间安全

伙伴们，在校园里，咱们不仅要关注现实中的物理空间安全，还要关注数字空间的安全哦！这里有一些需要注意的安全事项，咱们一起来看看吧。

① 使用强密码：给设备和在线账户设置强密码，别用那些容易被猜到的密码，比如生日、“123456”等。

② 使用双因素认证：尽量使用双因素认证，这样账号会更安全。

③ 注意 Wi-Fi 安全：只连那些可信赖的 Wi-Fi 网络，外面不安全的 Wi-Fi 最好别用。可以用 VPN 来保护数据传输。

④ 安装防病毒软件：给所有设备装上最新的防病毒软件，并且定期更新。

⑤ 及时更新操作系统和应用程序：保持操作系统和应用程序的最新版本，及时修补安全漏洞。

⑥ 不共享个人信息：避免在不安全的平台上分享个人信息，比如身份证号、银行账户信息等。

⑦ 警惕钓鱼攻击：对于陌生的邮件、微信消息和 QQ 信息都要小心，不要随便登录可疑的网站或下载不明附件。

⑧ 使用加密通信工具：发送重要信息时，最好用加密的通信工具。

⑨ 注意智能设备的安全：对于连接网络的智能设备（如

智能插座、灯泡等），要确保固件是最新版本的，并且修改初始密码。

咱们一定要多注意这些数字化虚拟空间的安全细节，保护好自己的隐私和信息安全哦！

3> 性健康安全

伙伴们，现在聊聊大学生活中的一个重要话题——性安全力吧！在大学时代，咱们得好好注意自己在性行为和性关系中的风险和威胁，确保自己身心都健康。

首要的一条，是避免非自己意愿的性行为，也就是说，跟别人发生性行为必须是两相情愿的，受强迫或威胁的时候一定要拒绝。还有，要预防通过性行为传播的疾病。了解并掌握怎样预防性病，正确使用安全套，这个真的很重要！另外，要避免在公共场合或社交媒体上泄露个人隐私，尤其是涉及性的隐私。

如果遇到性侵犯，得学会识别它的迹象，并知道怎样寻求帮助和支持。那怎么做才能保护好自己呢？

第一，要增强性教育意识，多学习和了解性健康知识，这样咱们才能更重视性安全。第二，要保持理性思考，别在涉及性的话题和行为上盲目跟风或受他人控制。第三，要坚持自愿原则，别强迫或威胁别人，尊重别人也尊重自己。第四，正确采取保护措施，比如在性行为中正确使用安全套等，这样可以降低性疾病传播的风险。第五，注意保护个人隐私，别随便透露个人信息。第六，遇到不合理的性请求或遭到侵犯时，要学会拒绝并寻求帮助和支持。第七，如果在性健康方面有任何疑问或问题，别忘了及时寻求专业的帮助和支持。

大学时代的性健康安全可是个大问题，一定要重视。有了上面的这些方法，咱们就能更好地保护自己啦！

4> 防范 PUA（Pick-Up Artist）能力

伙伴们！你知道吗，在大学阶段了解和识别 PUA 行为真的超级重要！PUA 原本是“搭讪艺术家”的意思，原指通过学些技巧来吸引异性的行为。但没想到，现在有些人把这套技巧用坏了，使它变成了操控和剥削别人的行为。

PUA 行为的特点，主要体现在通过各种心理操控、情感操控等手段来影响别人，从而达到自己的目的。比如说，过度地恭维和赞美。一开始，他们会不停地夸你，让你觉得备受关注，好像全世界就你最特别；随后快速建立亲密关系。他们会很快和你拉近距离，好像你们已经认识了好久一样。之后，对你进行情绪控制。他们会故意让你情绪波动，一会儿对你热情如火，一会儿对你冷淡如冰，让你离不开他们。最后，对你进行操纵与压制。他们会让你觉得自己一无是处，只有他们才能认可你，这样你就会越来越依赖他们。

那咱们要怎么防范 PUA 行为呢？在这里有几个建议：

首先，要增强自我意识和自我认同，你得知道自己是独一无二的，别因为别人的几句恭维或否定的话就动摇了；其次，要培养批判性思维，在和别人交往时，多想想他们的动机，别被他们的花言巧语给骗了；再次，要设立健康的边界，要清楚自己的底线，不轻易妥协，保护好自己的隐私和情感；最后，要寻求支持和帮助，如果觉得自己遇到了 PUA 行为，记得找朋友、家人或专业人士聊聊，他们一定能给你帮助。比如，小李就遇到了一个 PUA 行为。一开始她觉得对方特别好，但后来发现对方的赞美太过了，觉得不对劲。然后她就找老师咨询，学会了如何应对这种情况。

咱们都要提高警惕，别让 PUA 行为有机可乘！

5> 防范借贷陷阱能力

伙伴们，你们知道吗？在校园里，有时咱们可能会遇到一些诱人的借贷广告，上面写着“零利息”“秒放款”之类的广告语。你们得小心了，这些很可能就是借贷陷阱！作为大学生，一定要具备防范借贷陷阱的意识和能力呀！

咱们得明白，借贷是有风险的，特别是那些看似“轻松”的借贷。利息、手续费、违约金等，这些条款都得看清楚。要理性消费，别为了追求潮流、满足虚荣心乱花钱。要了解自己的消费能力，合理规划生活费。要学会拒绝，如果朋友或同学向你推荐不明来源的借贷，或者你自己想尝试某种借贷，都得先停下来，仔细看条款，好好想想，别冲动。

同时要增强法律意识，了解借贷相关的法律法规，知道自己的权利和义务。遇到问题时，要用法律武器保护自己。

国家也很关心咱们大学生的借贷问题，出台了一系列政策来管理互联网消费贷款。比如，加强对互联网消费贷款平台的监管，不得向大学生发放高风险贷款；鼓励银行等正规金融机构为大学生提供合理、合规的消费信贷服务。

伙伴们，在借贷这件事上，一定要小心谨慎，别让自己陷入陷阱。同时，也要了解国家政策，合理利用资源，为自己的未来生活打好金融知识基础。

伙伴们，安全力是一个人在复杂的社会环境里生存的基础能力。咱们这一生会遇到诸多风险，要培养适当的警惕意识，远离危险，规避风险，不让自己因认识不足而陷于绝境，是幸福的底气。

安全力 ENGINE

学习引擎 LEARNING

组员分享

自修完安全力的五个知识点，自查哪些内容是之前不清楚的。

小组讨论

听完每位组员的自查结果分享后，哪位组员的分享让你印象深刻？打动你的是什么？

查遗补漏

统计自己一共清理了哪些安全隐患，并记录在手账里，可以用文字、照片等形式。建议每学期复查一次。

情绪易感度

关系持久

边界力

能量气泡

行为独立度

内心世界

隐形盾牌

心理边界

能量保护

#

保护围栏

侵入防御

自我认同

资源保护

自我界定

时间管理

精力保护

个人空间

健康关系

情感保护

认知自主度

※ 边界力模块——世间一切关系，亲密有间才能持久

1. 什么是边界力

伙伴们，你们知道什么是“边界力”吗？简单来说，边界力就是咱们在跟别人打交道时，要能清楚地给自己画个“小圈圈”，也就是保护咱们的个人空间、时间、感情、精力和资源。边界力真是个超级实用的能力呢！

就比如说咱们在学校住宿舍吧，学会跟室友们划清界限，这真的挺重要的！有了边界力，咱们就能更好地保护自己，也能让咱们的人际关系更加健康。学习和生活也会更加顺心哦！

边界力就像一个隐形的盾牌。想象一下，你在人群中行走，有一个隐形的盾牌保护着你。它让你能够清晰地界定自己的个人空间、时间和资源，防止别人随意侵入，这个盾牌就是你的边界力。

边界力就像是一个“心理边界”的围栏，在咱们的内心世界里建立一个“心理边界”。这个边界决定了咱们愿意分享多少，愿意给予多少，以及愿意承受多少。一个健康的心理边界就像一个合适的围栏，既保护了咱们自己，也允许咱们与他人建立健康的关系。

边界力就像是一个“能量气泡”。咱们每个人的周围都有一个“能量气泡”，这个气泡的大小和强度取决于咱们的边界力。当咱们的边界力强大时，这个气泡就能更好地保护咱们的能量不被外界随意消耗；而当咱们的边界力较弱时，这个气泡

就会变得脆弱，咱们的能量就容易被他人随意消耗。

咱们可以用自我认同度、情绪易感度、认知自主度和行为独立度这四个维度来衡量边界力。

自我认同度，就像是一个清晰的地图，让你知道自己在哪里，要去哪里。情绪易感度，就像是一个情绪调节器，让你能够稳定地面对外界的情绪波动。认知自主度，就像是一个指南针，让你能够坚定地按照自己的想法前进。行为独立度，就像是一双自由的翅膀，让你能够按照自己的意愿飞翔。

归纳一下，边界力就像是一个隐形的盾牌、一个心理边界的围栏、一个能量气泡，是一个由自我认同度、情绪易感度、认知自主度、行为独立度四个维度构成的完整体系。它让咱们能够清晰地界定自己与他人的关系，保护自己的福祉，促进健康的人际关系，以及维持良好的学习和生活环境。

2．边界力包括哪些主要内容

伙伴们，咱们聊到边界力，你是否想到了在寝室生活的各种小细节，以及咱们在寝室里怎样跟室友相处得更好的问题？来，咱们一起看看边界力到底都包括哪些主要内容吧。

1> 个人空间边界

聊到这个话题，我突然想到了寝室里那些既温馨又有点小摩擦的瞬间。想象一下，你的寝室就像是一个小小的宇宙，你的床铺、书桌，以及你最喜欢的那个角落，都是你的“星球”。在这个星球上，你可以随心所欲地做自己喜欢的事情，比如静静地读书、听着音乐画画，或者是做个美美的面膜来享受一下独处的时光。但是，寝室里还有其他的“星球”和“宇航员”，也就是你的室友们。他们也有自己的“星球”和喜好。所以，为了大家都能够在这个小宇宙里和谐共处，咱们就得学会设定和尊重彼此的“个人空间边界”。比如，你可以跟室友商量好，晚上几点之后是你的“私人时间”，希望他们能够保持安静，不要打扰你学习或者休息。或者，你也可以告诉室友，你的书桌上东西比较多，不希望他们随意放东西或者翻看你的东西；再如床铺怎么摆，睡觉时间怎么安排，学习的时候不希望被打扰，个人物品怎么放，这些都得跟室友好好聊聊，都得有个规矩。总之，“个人空间边界”就像是给咱们每个人的“星球”画定了一个清晰的边界线，让咱们在享受自己的小宇宙的同时，也能够尊重他人的空间和隐私。这样，寝室生活才会更加美好和谐。

伙伴们，咱们来更细致地聊聊学生公寓生活里的个人卫生对公共空间的影响吧。这是最容易彰显生活质量的视角。

首先，说说清洁方面，个人卫生真的超级重要！你想象一下，如果每个人都把自己的生活区域打扫得干干净净，那整个公寓就会像刚装修完的新房一样，干净整洁，让人心情愉快。但如果有人不打扫，那整个空间就可能变得脏乱差。大家住着都不舒服。

其次，说说整齐方面，这个也很关键。每个人都有自己的东西，如果都随意摆放，那么整个公寓就会显得乱糟糟的。但如果咱们都把自己的东西整理得井井有条，整个空间就会显得宽敞又舒适，找东西也方便。

再次，咱们聊聊气味吧！谈到气味对人的影响，咱们可以用一种轻松幽默的方式来聊聊这个话题。你知道吗？气味就像是个小捣蛋鬼，总是在你最不经意的时候给你来个“惊喜”。比如，当你走进一个房间，突然一股异味扑面而来，那种感觉就像是你刚准备享受一顿大餐，结果被告知今天的主菜是臭豆腐！瞬间，你的心情就可能会被这股气味给“带偏”了。但话说回来，气味也不全是捣蛋鬼。有时候，它也能成为咱们的“心情调节器”。比如，当你闻到一股淡淡的薰衣草香，就仿佛被带到了一个宁静的花园，所有的烦恼都烟消云散了。又或者是当你闻到刚出炉的面包香味，幸福感就油然而生，仿佛整个世界都变得美好了。不过，最有趣的是，气味还能成为咱们社交的“小助手”。比如，在聚会上，你闻到某个人身上的香水味特别好闻，可能就会忍不住多跟他聊几句。或者是在图书馆里，你闻到旁边的人身上传来的淡淡咖啡香，就可能会觉得这个人特别有品位。

总之，气味这个小捣蛋鬼虽然有时候会让咱们头疼，但也能给咱们带来不少乐趣和惊喜。只要学会与它和谐相处，就能让它成为咱们生活中一道亮丽的风景线！有时候，不注意个人卫生，就可能会有些不太好的味道。比如，鞋子没除味、垃圾桶没及时清理，或者房间长时间不通风，都可能会让空气变得不新鲜。但如果咱们都注意个人卫生，那整个公寓就会充满清新的气息，住起来超级舒服！此外，咱们谈谈隐形劳动吧！其实，保持公寓的整洁和舒适，是需要大家共同努力的。有时候，你可能没看到别人在打扫，但他们可能已经默默地把卫生工作做好了。尊重这种隐形劳动真的很重要，它会让整个公寓的环境变得更加美好。

伙伴们，咱们都要注意个人卫生，保持公寓的清洁、整齐和舒适。这样，咱们才能在这个小天地里愉快地学习和生活。

最后，说说时间利用的问题。时间总是那么不够用，对吧？你得把自己的时间进行分类。学习、休闲、社交，都得有个明确的计划。“时间边界管理”可是个大学问，不然，室友、同学一找你聊天，你就忘了自己原本要干什么了。我推荐你们试试“番茄工作法”，真的超级好用！选一个任务，专心工作25分钟，然后休息5分钟，每完成四个“番茄钟”后，可以休息得更久一点，休息15—30分钟。这个方法的作用有：提高专注力，短时间内专注一个任务，可以减少分心；提升效率，有明确的开始和结束时间，可以激励你更有效率地工作；防止疲劳，规律的短暂休息可以帮助恢复精力，避免长时间工作导致疲劳；轻松管理时间，通过“番茄钟”来切分工作日，使时间管理变得更加容易。这样不仅能提高专注力，还能防止疲劳呢！

2> 情感边界

咱们都有自己的情绪，你得知道自己的情绪是什么，怎样表达出来，还得尊重别人的情绪；别总是因为别人的情绪影响到自己，那样太累了。

3> 能量边界

你知道吗，咱们每个人的精力都是有限的，你得知道自己有多少精力，得学会怎么分配自己的精力，别什么事都往自己身上揽，别把精力花在没必要的事情上。有时候，拒绝也是一种智慧！不然精力全用完了，什么也干不成了。

4> 隐私边界

咱们每个人都有自己的小秘密。所以，跟室友一起商量好哪些信息可以分享，哪些事情得保密，这样大家都能感到舒适。

此外，还有“资源分配”的问题。寝室里的资源，如吃的、用的，还有储物柜、空调等，都得公平点用。不然，真的容易因为这点小事产生矛盾。你得跟室友商量好，别因为这些东西搞得大家不开心。

5> 学习边界

咱们可以跟室友一起商量好学习的时间和氛围，比如晚上几点开始保持安静，这样大家都能有一个好的学习环境。

总之，边界力就是要让大家都明白自己的需求和界限。咱们都得学会尊重自己，也尊重别人。这样咱们的寝室生活才会更和谐，让大家都开心。

边界力 ENGINE

学习引擎 LEARNING

组员分享

自修边界力知识点，分享你通过边界力的实践解决的问题。分享问题的起因、解决过程和结果，以及你的感受。

小组讨论

边界力不可能立刻彻底解决问题，讨论如何建立自己的边界力并让人际关系逐渐变好。

查遗补漏

在手账上记录你的边界界定的事件，上学期间可以一直记录。这些故事所累加起来的边界力，就是你走入社会后的基本社交保障。

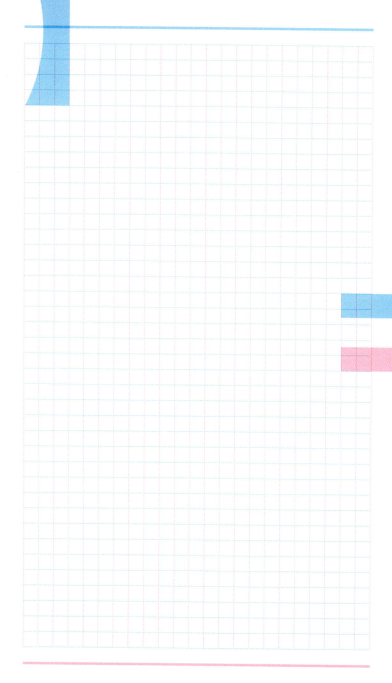

多样整理

秩序力

生活质量

虚实空间

物品摆放

收纳

“整理方法”

作息规律

诗意生活

学习环境

大学公寓

学习效率

生活习惯

自律

生活美好

生活舒适

整洁

平凡生活

※ 秩序力模块——多样整理收纳，掌控虚实两维空间

1．什么是秩序力

伙伴们，今天咱们来聊聊青年在追求幸福的过程中，如何在大学公寓生活中了解并提升秩序力。秩序力不仅可以让咱们生活得更舒适，还能帮助咱们创造充满诗意的校园生活哦！那么什么是秩序力呢？设想一下，如果咱们的公寓乱七八糟的，书本、衣物到处乱放，那生活起来肯定很不舒服吧？所以，秩序力就是指咱们为了维护一个有序、整洁的局面而付出的努力和采用的方法。在大学公寓生活中，良好的秩序力可以体现在宿舍的整洁、物品的有序摆放、作息时间的规律等方面。

2．拥有秩序力的价值

良好的秩序是一切美好的基础。拥有秩序力，对一个人的一生都大有益处：一是能够提高生活质量。一个整洁有序的公寓能让咱们感觉舒适和放松，有助于提高咱们的生活质量。二是能够促进学习。当咱们的学习环境井然有序时，咱们就能更加专注地学习，提高学习效率。三是可以培养良好的生活习惯，比如自律、整洁等。维护秩序需要咱们付出一定的努力和时间，但可以避免因频繁整理乱拿乱放东西而造成的隐形劳动。

再来看看秩序力如何帮助咱们创造诗意的生活。诗意的生活并不只是指浪漫或者逃避现实，而是指在平凡的生活中发现

美好。当咱们拥有了秩序力，就能更好地掌控自己的生活，让每一天都过得有条不紊。这样，咱们就有更多的时间和精力去关注生活中的美好瞬间，比如窗外的风景、与室友的有趣对话、晚上安静的学习时光等。这些瞬间都能让咱们感受到生活的诗意和美好。

伙伴们，来，给你们分享一个我在大学公寓里掌握秩序力后的超赞经历！记得刚进入大学时，我的宿舍简直就是个“战场”——书本、衣物、零食袋……到处都是。每次想找东西我都得翻箱倒柜，别提多糟心了。那时候，我每天都觉得宿舍乱糟糟的，心情也跟着乱糟糟的。但后来，我意识到这样不行，我得让我的宿舍变得井井有条！于是我开始行动，每天花点时间整理床铺、书桌，把衣物归类放好，把不需要的东西扔掉或捐赠出去。慢慢地，我的宿舍变得整洁有序了。从那以后，我的生活简直发生了翻天覆地的变化！我的学习效率大大提高了。以前找本书都得找半天，现在书本都整齐地放在书架上，一眼就能看到，节省了我好多时间。同时，我的心情也变得超级好！每次回到宿舍，看到整洁的环境，我就感到特别舒服和放松。更神奇的是，因为宿舍整洁有序，我还交到了好多新朋友！有一次，一个朋友看到我的宿舍这么整洁，就问我是怎么做的。我给她分享了我的整理方法和心得，没想到她居然也开始整理自己的宿舍了！就这样，我们因为拥有共同的兴趣爱好和整洁的宿舍环境，成了无话不谈的好朋友。由此可见，伙伴们，在大学公寓生活中掌握秩序力真的能带来很多美好，你们也可以试试。相信我，当你们看到自己的宿舍变得整洁有序时，一定会感到超级满足和开心的！

伙伴们，秩序力不仅能帮助咱们提高生活质量和学习效率，还能让咱们更好地发现生活中的美好瞬间，要知道世人多数为了眼前的苟且不得已把梦想换了碎银三两三。在大学公寓生活中培养出来的强大的秩序力会让咱们有时间、有心情看见诗和远方，创造出充满诗意的校园生活。让咱们一起努力，成为一个既有秩序力又懂得欣赏生活之美的人吧！

3．秩序力包含哪些要素

伙伴们，咱们一起看看秩序力的四大要素吧。从长远的角度来看，它们对咱们的一生都有着深远的影响。

1> 空间整理收纳

案例 _ 小明的宿舍大变样

小明刚进大学时，宿舍里总是乱糟糟的。书桌上堆满了书本和杂物，床铺上也常常有未折叠的衣物。他发现自己很难在这样的环境中专心学习，而且总是找不到东西，心情也不好。于是，他决定改变。

他买了一些收纳盒，把书本分类整理放好，衣物也整齐地收纳进衣柜。每天早上起床后，他都会整理床铺，保持整个宿舍的整洁。慢慢地，小明发现自己的学习效率提高了，心情也愉快了很多。他的室友们也受到影响，大家一起保持宿舍的整洁，生活质量明显提升了。

2> 时间规划布局

案例 _ 小石的时间管理

小石是个非常忙碌的大学生，除了上课，她还参加了几个社团活动，平时还兼职做家教。刚开始时，她觉得时间总是不够用，常常感觉压力很大。后来，她决定尝试时间管理。小石买了一本时间管理手册，每天晚上睡前，她都会把第二天的任务列出来，安排好每个任务的时间段。她还学会了“番茄工作法”，专注 25 分钟后休息 5 分钟，保证效率。通过这种方式，小石不仅能够完成所有的任务，还有了更多的休息和娱乐时间。她的生活变得更加有条理了。

3> 事务头绪整理

案例 _ 小刚的学习方法

小刚在大学里学的是计算机科学，课程内容复杂多样，作业也很多。起初，他常常觉得脑中一团乱，很多事情都记不住。于是，他开始使用一款笔记软件。他把所有的作业、项目和考试时间都记录下来，按优先级排序。每当接到新的任务时，他都会先把任务分解成小块，安排好每一部分的完成时间。这样一来，原本看起来复杂的任务变得简单清晰了许多。通过这种方法，小刚不仅提高了学习成绩，还减少了许多不必要的焦虑。

4> 人际关系取舍

案例 _ 小美的人际关系管理

小美是个性格开朗、朋友很多的女生，但她发现自己有时会被人际关系搞得很累。她总是觉得自己需要满足每个人的需求，结果自己经常感到疲惫和有很大的压力。后来，她决定重新审视自己的人际关系。她学会了设定界限，学会说“不”。对于那些带给她负面情绪的人，她逐渐减少了接触时间；而对于那些真心对她好、支持她的人，她则更加珍惜和用心维护。这一调整让她的人际关系更加健康和谐，她也有了更多时间和精力去做自己喜欢的事情。

通过上述这些案例，咱们可以看到，秩序力的四大要素——

空间整理收纳、时间规划布局、事务头绪整理和人际关系取舍——在咱们的生活中扮演着重要的角色。掌握秩序力，如同点亮内心的明灯，让心灵在整洁有序中蜕变，展现宁静与自在。无论是现在的大学生活，还是未来的职业生涯和家庭生活，培养这些能力都会让咱们能更好地管理生活，提高幸福感。希望这些案例能给你一些启发，让你在追求幸福的道路上更加得心应手。加油！

秩序力 ENGINE

学习引擎 LEARNING

组员分享

自修秩序力知识点，对自己的公寓环境和电脑进行整理收纳清洁后，分享自己在整理前后的感受或整理过程中的感受。

小组讨论

讨论隐形劳动与整理收纳的关系，讨论秩序力与幸福生活的关系。

查遗补漏

建立公寓宿舍周度、月度全员大扫除舍规，培养一个好习惯。
建立自己的整理收纳清洁工具库，让劳动轻松高效且有趣。
尝试属于自己的物尽其用的生活乐趣。

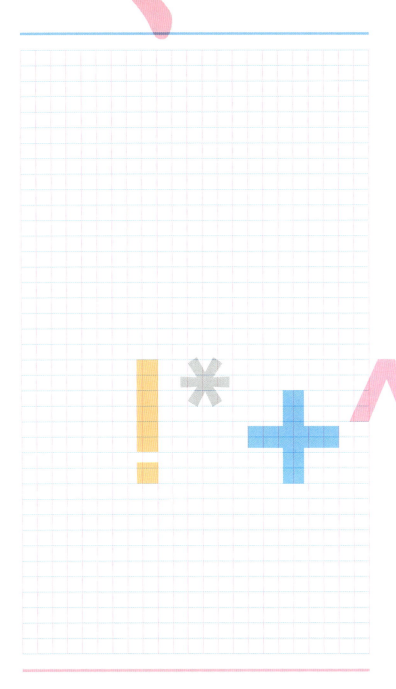

自由生活

留白力

自我管理

心理健康

时间规划

自我成长

躺平

内心需求

宿舍氛围

心理调适

社交距离

独立性

个人空间

空间布局

安宁

学生宿舍

人生目标

休息与思考

物质追求

生活质量

※ 留白力模块——在喧嚣的世界留一份安宁给自己

1. 什么是留白力

“留白力”这个概念并不是一个正式的术语，但是咱们可以从字面意义上以及结合中国国画的留白技法来理解它在学生宿舍生活中的应用。在中国画中，留白是一种艺术表现手法。在画面上通过保留未涂色的空间来增加作品的艺术效果和想象空间。观者可以在心中自行补充和想象。这种留白不仅仅是物理上的空白，更是一种意境上的追求，它体现了东方艺术的含蓄、空灵和深远。将“留白力”这一概念应用到学生宿舍生活中，可以理解为在繁忙的学习和生活中，学生要学会为自己保留一定的个人空间和时间，以便思考、休息和个人成长。

留白力是每个人一生中呵护心灵的能力。诗人陶渊明在《归园田居·其一》中写道：“少无适俗韵，性本爱丘山。误落尘网中，一去三十年。羁鸟恋旧林，池鱼思故渊。开荒南野际，守拙归园田。”诗中没有直接描绘田园生活的细节，但通过留白的手法，伙伴们可以想象出那种远离尘嚣、宁静和谐的田园生活，感受到诗人内心的宁静和满足。从中可见，绘画、诗词、生活中都需要留白。有留白，也就有了滋养心灵的一隅。

生活在学生宿舍的伙伴们，你们自己要知道，其实在宿舍生活里，给自己留点“空白”超级有必要。就是说咱们不要把时间表排得满满的，要留出一些自己的小空间，必须忙里偷闲。在这些闲暇时间里，咱们可以好好思考一下自己的学习和生活，或者是去尝试一下新的爱好，这样不仅能让自己变得更有价值，还能拓宽兴趣面。而且，适当的空白时间可以让咱们远离学习的压力，避免因为时间安排得太满而心理压力过大，这样生活质量和学习效率都会提升。此外，宿舍里的空间布局也需要留白。如果东西太多太挤，心情就会受影响，生活质量也会下降。如果宿舍保持得简洁、整洁，不仅看起来舒服，住起来舒心，心情也会好很多。对了，还有和室友相处的事儿，如果咱们太“黏”或者太多干涉对方，隐私空间都没了，那肯定不好。学会在相处时给彼此留点空间，尊重对方的私人时间，这样宿舍的氛围会更和谐，大家也能更好地保持独立性。

总之，宿舍生活中的留白力是一门生活艺术，能帮助咱们在忙碌中找到平衡，创造出合适的时间、空间和人际关系的空间。这样，不仅能让生活质量更好，自我管理能力也能提升，还能在不知不觉中提升咱们的审美和品位。长久来看，培养留白力真的能帮助咱们在独立思考和自我反省的时候留出时间和空间，对未来个人发展和适应社会大有益处。所以，别小看生活中的那些小“空白”，它们真的很重要呢！

2．留白力包括哪些内容

1> 设置“留白时间”

合理规划自己的时间，不要把每一分每一秒都安排得满满当当，给自己留出一些“空白”的时间去休息和思考。

2> 规划“留白空间”

在宿舍或校园的某个角落，用心寻找一处私人的空间，比如一个角落的书桌、一个小的收纳空间、图书馆的一处固定位置，或者校园一处喧嚣的场所等，这些都是自己心灵的私人领域，一旦进入，心就平静下来，不被他人打扰。

3> 心理留白

保持良好的心理健康状态，不要给自己太大的压力。感觉压力大的时候，留出时间和空间去进行放松和心理调适。比如在校园、闹市中或行进的公交车、地铁上寻找一处角落，定期到那里放空自己，让自己平静下来。在那里你可以发发呆，出一会儿神，不用想任何事，就是静静地待着。这样，你就能更好地面对生活中的挑战，保持心理健康。

4> 社交留白

在人际交往中，保持适当的距离感，既不过分孤立自己，也不过度依赖他人，找到适合自己的社交节奏。

5> 自我成长留白

在日常生活中，留出时间来进行自我反思和学习，促进个人的全面发展，或走进公共艺术空间，在艺术空间的观摩和沉浸中触发思考。遇到难解的问题时，跳出问题，看看问题背后的原因。

3. 留白力的重要作用

在大学生活期间，在学生公寓的公共生活空间，掌握并使用留白力，可以让心灵得到放松，避免过度疲劳；通过适当的休息和思考，可以提高生活和学习的质量，从而获得更好的效率和创意；增强个人独立性和自主性，形成良好的自我管理能力；帮助个人构建更加和谐的社交关系，维持个人和集体之间的平衡。

4. 留白与躺平的区别

“躺平”这个词，最早出自网络，大概意思就是年轻人选择不再追求过度的工作和物质需求，而是选择一种相对轻松、自由的生活方式。他们不再为了升职加薪而拼命工作，也不再为了买房买车而焦虑不安。简单来说，就是“不干了，我躺平了”。

至于这个词是褒义词还是贬义词，其实要看具体语境啦！在一些人看来，躺平是一种勇敢追求自己喜欢的生活方式的表现，是一种值得尊重的选择。但在另一些人看来，躺平可能意味着放弃努力、放弃追求，是一种消极的生活态度。所以，这个词并没有一个固定的褒贬意义哦！

至于“躺平是人们防御过度工作的自我调节机制”这种说法，我认为有一定道理。在现代社会，很多人都面临着巨大的工作压力和竞争压力，很容易感到焦虑和疲惫。在这种情况下，躺平可以看作一种心理防御机制，用来帮助人们减轻压力、缓解焦虑。但是，这并不意味着躺平就是解决问题的最好方法哦！咱们还需要根据自己的实际情况和需求，找到适合自己的平衡点和调节方式。

那么躺平在哪些情况下具有正向作用呢？

首先，在高度竞争和快节奏的社会环境下，躺平可以作为一种心理调适机制。想象一下，当大家都为了升职加薪、买房买车而拼命奔波时，你选择躺平，是不是就能减轻很多压力和焦虑呢？这样，你就能有更多的时间和精力去关注自己的内心需求，追求自己真正想要的生活。

其次，对于那些已经积累了一定财富和资源的人来说，躺平可以让他们有更多的时间去探索自己的兴趣和潜能。他们不再需要为了生计而奔波，而是可以专注于自己真正热爱的事情，比如艺术、科学、旅行等。这样，他们就能更好地实现自我价值和人生目标。

最后，在某些社会条件下，躺平也可以被视为一种对过度工作文化的反叛。在这种文化中，人们往往被要求不断地工作、学习和进步，忽略了生活的其他方面。而躺平则强调回归生活的本质，追求内心的平静和满足。这种反叛精神有助于推动社会文化的变革和进步。

不过，虽然躺平在某些情况下具有较多作用，但它并不是一种适用于所有人的生活方式。每个人的情况和需求都是不同的。生活独立，能养活自己，而非不切实际地追求高消费，在有多少钱过多少钱的日子的前提下，咱们需要根据自己的实际情况来选择适合自己的生活方式。

咱们再来了解一下“留白”和“躺平”体现在生活中的区别和联系吧。

先说说留白，留白是在繁忙的生活中给自己留出一些空白的时间和空间。这些时间和空间可以让咱们静下心来思考、休息、创作，或者是去体验一些与日常不同的事情。画画时在画布上留下的空白，让整幅画更加有层次感和呼吸感，同样，在生活中留白也能让咱们更加充实和满足。

躺平，则是一种更加主动的选择，它是在不靠父母、伴侣的金钱供养生活的前提下，不再过度追求物质和功利，选择回归生活的本质，追求内心的平静和满足。躺平的人可能会选择减少工作和学习的时间，去关注自己的内心需求，追求更加简单、自然、健康的生活方式。

那么，这两者之间有什么联系呢？其实，留白和躺平在某种程度上是相辅相成的。留白可以让咱们在忙碌的生活中找到一些喘息的空间，让咱们有机会去思考自己真正想要的是什么，从而更加明确自己的生活方式和价值观。而躺平则是一种更加深入的生活方式选择，它让咱们有机会去实践自己的价值观，追求更加真实、简单、自由的生活。

总之，你可以把留白看作躺平的一个前提和基础，而躺平则是留白的一种深化和升华。它们都是为了让咱们的生活更加美好、更加有意义而存在的。

留白力 ENGINE

学习引擎 LEARNING

组员分享

分享你在做什么事时不需很长时间就可以放松，在什么样的环境可以放松，比如安静、喧嚣、有某种味道的环境等，你是怎么发现的？

小组讨论

通过组员分享，你看到了组员哪些不一样的地方？留白仅仅是放松吗？

查遗补漏

在手账中随时可以记录自己的留白事项，包括缘由、过程及结果，这是青春的卡点记录。让这份记录成为应对挫折、压力时可以释放压力、自我疗愈的秘密基地。

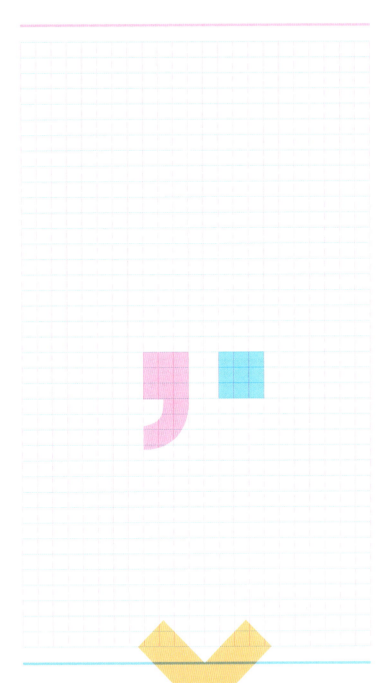

健康与快乐

平衡力

力量对立

自我意识

数字排毒

中庸之道

道法自然

现实与虚拟

时间管理

适应变化

阴阳平衡

和而不同

力量平衡

生活目标

动态稳定

稳定状态

寻求和谐

心态调整

社交平衡

灵活应对

※ 平衡力模块——在不平衡的世界里修炼稳定的内核

1. 什么是平衡力

伙伴们，咱们来了解一下生活中的平衡力吧。拥有平衡力，就像杂技演员在走钢丝，或者人在骑自行车时保持平衡的感觉。它不只是物理上的稳定，更是咱们生活中各方面力量的协调和平衡。所谓平衡力，就是指个体能够在生活的不同状态之间做出适当调整，以维持健康和幸福的能力。

举个例子来说，咱们每天都要面对学习和娱乐的平衡。学习是很重要，但是如果咱们一天到晚都埋头苦读，不给自己放松的时间，那可就太无趣了，对吧？所以，咱们要在学习和娱乐之间找到一个平衡点，让自己既能学到知识，又能享受生活的乐趣。再比如，咱们和朋友相处时，也要懂得平衡。每个人都有自己的个性和想法，咱们要尊重彼此的差异，但也要学会在争论和分歧中找到一个平衡点，让友谊更加稳固。此外，咱们在追求梦想的时候，也要平衡好现实和梦想的关系。梦想是咱们的动力，但现实是咱们必须面对的挑战。咱们在追求梦想的同时，也要关注现实，找到一条既能实现梦想，又能适应现实的道路。

所以你看，生活中的平衡力就像是一个魔法师，它不仅仅是静态的稳定，更是一种动态的稳定；其中的智慧在于，它教会咱们如何在不断变化的环境中保持平衡。在动态平衡中，物体所受的所有力合力为零，并且还需要满足力矩合力为零的条件。这意味着，即使物体在运动，也能通过调整自身的位置和姿态来保持平衡。这种能力不仅体现在物理世界中，也体现在咱们的生活中。

平衡力的动态稳定包含以下几个方面的智慧。首先，是要适应变化。生活总是充满变数，咱们需要学会适应各种变化。平衡力的动态稳定教会咱们如何在变化中找到新的平衡点，保持生活的稳定和有序。其次，要灵活应对。在面对挑战和困难时，通过调整自己的心态和行动，咱们可以在逆境中保持平衡，找到解决问题的办法。最后，要寻求和谐。平衡力的智慧在于追求和谐。它让咱们明白，只有在和谐的环境中，个体才能茁壮成长。因此，咱们应该尊重差异、包容多样性，追求人与人之间的和谐共处。

2．平衡力对大学生在学生公寓生活的重要作用

掌握平衡力真的是超级酷的一件事！它使你就像杂技演员走在细细的钢丝上，不管遇到什么状况，都能稳稳当当、内核稳定。面对学习、工作的压力，或者人际关系的小纠结时，你都能游刃有余，心里不慌不乱，坚定地走自己的路。

平衡力还能让你的生活变得井井有条。想象一下，如果你会合理地把时间分配给学习、工作、休息和娱乐，那你的日子是不是会过得特别充实和有趣？而且，如果你懂得利用身边的资源，比如好朋友、零花钱和最新的信息，那你的梦想和目标是不是就更容易实现了呢？

平衡力也能让你更健康、更快乐。当身体和心灵都找到那个最舒服的平衡点，你就会感觉浑身都是劲儿，每天都活力满满，笑容满面。这样的你，当然更有动力去追求梦想，享受生

活的每一刻啦！平衡力是一种智慧和能力的融合体现。它需要你有全局的观念，懂得灵活变通，具有准确的判断力。当你掌握了平衡力，你就会变得更加成熟和自信，无论遇到什么挑战和变化，都能轻松应对。

在中国传统文化中，平衡力被赋予了更深层次的含义。比如，在中医理论中，讲究“阴阳平衡”，认为人体只有阴阳平衡才能保持健康。这里的“阴阳平衡”其实就包含了平衡力的概念，即身体内部各种力量的相互协调和平衡。另外，道家思想也强调“道法自然”，认为万物都有其存在的意义和价值，它们彼此间保持一种和谐、平衡的状态。这种思想也体现了平衡力在中国传统文化中的重要地位。“和而不同”是中国传统文化中的一个重要理念，它强调在保持差异和多样性的同时，追求和谐与统一。这种理念与平衡力有着密切的联系。因为平衡力不仅仅是指身体的平衡，更是指各种力量、各种元素之间的相互协调和平衡。就像是一个大家庭里，每个人都有自己的个性和特点，但只要大家能够相互尊重、相互理解、相互支持，就能形成一个和谐、美满的环境。比如“中庸之道”，就是说做事要恰到好处，不要太多也不要太少。还有“阴阳平衡”，讲的是万物都有两面性，要找到它们之间的平衡点。

还有个大家耳熟能详的故事叫“塞翁失马”。说的是一个老人丢了马，但他并不沮丧，反而觉得这可能是好事。后来他的马带回了更多的马，大家都来祝贺他，但他却觉得这可能是坏事。果然，他的儿子因为骑马摔断了腿。但最后，因为腿伤，他的儿子在战争中免于被召参军。这个故事告诉咱们，要用全局视角和平衡的心态去看待生活中的得失。

由此来看，平衡力是有利于实现个人长期目标和应对生活挑战的重要能力。人生漫长，平衡力可以缓解对事物变化无常的恐惧。

3．重视现实世界和虚拟世界之间的平衡

伙伴们，现在咱们要聊一个很酷的话题——如何在现实世界和虚拟世界里找到平衡。

现在，咱们的生活和工作都越来越离不开网络和数字设备了，对吧？但是，咱们也得记得，现实生活也很重要。所以，我给你们一些小建议，让你们在这两个世界里都能游刃有余。

1> 设定界限

给在线活动和现实生活都分配一些时间。比如，和家人、朋友聚会时，就尽量把手机放下，专心享受和他们在一起的时光。

2> 分配时间

除了上网，也要计划一些和电子科技无关的活动，比如读书、户外探险或者做手工。用时间管理的小工具来监控你花在手机上的时间。

3> 提高自我意识

问问自己，为什么总是离不开手机？是不是想逃避现实的问题？如果发现自己无意识地刷手机，就停下来，问问自己正在做什么。

4> 保持身心健康

每天做些运动，好好休息。试试冥想、瑜伽或者其他放松的方法，减少对手机的依赖。

5> 社交平衡

多和真实的人交流，不要只是在网上聊天。参加一些线下的活动，比如俱乐部、运动队、沙龙或者志愿者活动。

6> 学习和成长

用网络资源来学习新技能，不仅仅是用来娱乐。设定一些长期和短期的个人成长目标。

7> 利用技术的正面影响

让技术来帮你改善生活，比如用智能家居设备。也可以让技术帮你更高效地完成工作。

8> 定期“数字排毒”

安排一段时间，完全离开所有的数字设备。在这段时间里，尝试一些新的爱好和活动。

9> 设定工作和家庭的界限

如果可能的话，在家里设一个专门的工作区域。工作结束后，就关闭工作相关的设备和通知。

10> 培养现实生活中的爱好

无论是种花、画画、弹吉他还是打篮球，都能让你从屏幕中抽离出来，享受现实生活的美好。

找到这两个世界的平衡是一个长期的过程，需要咱们不断地自我检查和调整。让活动多样化，时刻注意自己的数字消费习惯，这样你就能健康地享受两个世界的好处啦！加油！

4．怎样在生活中培养平衡力

伙伴们，在生活中培养平衡力，就像玩跷跷板一样有趣。平衡力其实就是使各种力量达到一种稳定状态的能力。那么，养成这种平衡力的要素有哪些呢？让我慢慢给你们解释吧。

1> 大小相等

想象一下，你在学习的时候，既要完成作业，又想参加社团活动。那么，你就需要在这两个活动之间找到一个平衡点。比如，你可以安排每天晚上的时间用来写作业，周末则留出时间参加社团活动。这样，学习和社交的时间就达到了平衡。你就能保持一种平衡的状态啦！

2> 方向相反

在生活中，咱们经常会遇到一些对立的情况，比如想要放松但又觉得应该努力学习。这时候，你就需要让这两个方向相反的力量达到平衡。比如，你可以在学习累了的时候，听听音乐或者做做运动来放松自己。这样，你就能在学习和休息之间找到平衡啦！

3> 作用在同一直线上

这里的“同一直线”可以理解为你的生活目标或者价值观。比如，你希望自己成为一个既有才华又有趣的人。那么，你就需要在才华和兴趣这两个方面同时努力。这样，你的努力就会作用在同一直线上，让你的生活更加平衡和充实。

生活中的平衡力就像是一场有趣的冒险游戏。你需要不断地调整自己的力量和方向，让它们达到一种稳定的状态。只有这样，你才能在生活和学习中保持一种平衡和充实的感觉。

平衡力 ENGINE

学习引擎 LEARNING

组员分享

自修平衡力知识点，分享运用平衡力解决问题的一次经历，重点阐述你把平衡点放在了哪里。

小组讨论

听完组员分享，讨论顺其自然与求而不得而放弃这两种情况在心态上有什么不同。讨论如何平衡因青春的好奇而进行的各种探索与课堂学习的时间分配。

查遗补漏

在手账上记录你见证的生活中展现平衡力的优秀案例。尽量持续记录，形成不断在生活中提高平衡力的习惯。持续地积累下来，平衡的智慧将会扎根在你的头脑中，并成为你的一部分。

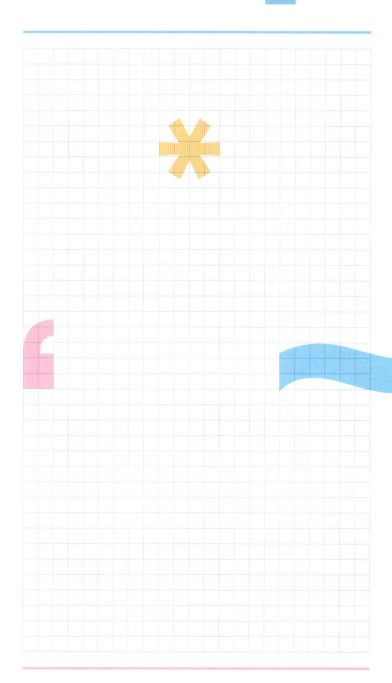

文化背景

生态环境

高级定制

工业时代

跨文化交流

审美力

城市美学

可持续发展

个人品位

审美标准

媒介

高级成衣

知识结构

主流品牌

感官知觉

生活环境

CITYWALK

表现形式

数字化时代

街头时尚

时尚

情感体验

全球化

互动性

快时尚

※ 审美力模块——放下名利，看见美好、看见星辰大海

1. 什么是审美力

伙伴们，你们知道吗？审美力可是个超级酷的能力！它不只是用来欣赏那些高大上的艺术品，比如绘画、音乐和文学，还能让咱们在日常生活中发现美、感受美，甚至创造美！这种能力其实是由多种因素组合而成的，包括咱们的感官知觉、情感体验、知识结构、文化背景，还有咱们的个人品位。

在大学生公寓里，如果咱们有了审美力，就能把生活变得超级有趣和美好。你可以用自己的审美力来美化你的个人空间。比如说，有个同学通过巧妙布局、色彩搭配和挑选装饰，把普通的宿舍变成了超级有个性和温馨的“小窝”。这样自己不仅住得更舒服，还成为大家羡慕的对象！

还有，你可以帮助大家设计共享空间，比如休息室、学习室等。挂上一些艺术作品、摆放些舒适的家具，甚至种点植物，都能让空间变得更和谐、更舒适。

组织活动时，你也可以利用审美力来设计独特的视觉效果和布置方案，比如节日庆典、主题派对等。这些活动不仅能让大家玩得更开心，还能给自己留下美好的回忆呢！

你的生活习惯、环境氛围的营造能力，甚至文化素养的提升，都能因为审美力而变得更加出色。比如，挑选合适的照明设备、音乐和香薰，就能营造出不同的氛围，让学习和生活都更加惬意。

总之，具备审美力的伙伴就像是艺术家。运用自己的感知力和创造力，不仅可以让自己的生活更美好，还能影响到周围的人，让整个公寓都充满正能量和温馨的氛围。你们想不想也试试呢？

2．数字化时代与工业化时代审美的区别

伙伴们，咱们已经逐步进入数字化时代了，接下来，咱们聊聊数字化时代和工业化时代的审美有啥不一样吧。

1> 媒介和表现形式大不同

在工业化时代，审美主要得靠那些实体的物质，比如绘画、雕塑、建筑等，跟它们的物质性、技艺紧密相关。但现在数字化时代来啦，审美可是玩起了“虚拟”游戏，比如数字媒体、网络和虚拟现实，这些新玩意儿让审美体验变得超级多元化且极富交互性。

2> 生产与传播方式的变化大

在工业化时代，艺术品的生产和传播得费老大劲了。艺术品的生产耗时长、工艺复杂，审美活动相应地就显得有些受限和排他。但数字化时代呢，艺术品生产和传播都变得迅速而便捷，甚至实现了全球化。艺术家和观众之间的界限变得模糊了，每个人都可以是艺术的创造者和欣赏者。

3> 审美体验大不同

在工业化时代，审美体验主要是观看、感知和解读实体艺术品，需要靠直观感受和理性思考。但在数字化时代，审美体

验更注重互动性、参与性和沉浸感。咱们可以通过各种新的媒介与艺术品互动，得到丰富的审美体验。

4> 审美标准百花齐放

在工业化时代，审美标准得靠权威机构、专业人士或精英阶层来定。但在数字化时代，信息传播得迅速而多元，审美标准也变得更多样化和个性化了。每个人都有自己独特的审美趣味和偏好，这些趣味和偏好还在不断地变化。

了解了数字化时代和工业化时代的审美差异之后，可以发现，数字化时代的审美活动变得更加多元化、开放和创新啦！有意思吧？你是不是有点摩拳擦掌，想亲自试试呀？

3．在学生公寓生活中如何培养终身审美力

伙伴们，你想在大学时期养成终身受用的审美力吗？那可得好好听我说说这些方法！

广泛接触艺术与文化是个不错的选择。有空的话，多去美术馆、博物馆逛逛，参加音乐会、戏剧演出，看看不同的艺术风格和文化表现。你还可以尝试跨学科的融合，比如结合科技与艺术，体验虚拟现实艺术、创作数字媒体艺术作品等。这样的跨界活动能让你的视野更加开阔。也别忘了培养批判性思考和反馈的能力，比如参与或建立学生艺术评论平台、社群，让你在实践中锻炼独立思考和艺术表达能力。

还可以通过跨文化交流与合作来拓展审美视角，理解不同文化背景下的艺术语境，培养全球化视野中的审美理解力。

此外，学习艺术理论也很重要。通过课程或自学，了解艺术史、美学原理，这样你就能更深入地理解和鉴赏艺术作品啦！

当然，实践创作也不能少。自己动手画画、写歌、做手工，不断尝试和实践，你的审美能力和创造力肯定会“嗖嗖”地提升！同时，别忘了培养批判性思维。学会透过表面现象去分析艺术作品背后的深层含义，你的审美观点就会更有深度啦！

还有个重要的建议，就是要尝试美化自己的生活环境。比如，装饰一下自己的床铺、书桌、衣橱，这不仅能激发你的审美意识，还能提升你的设计能力呢！交流分享也很重要，要多和同学、老师聊聊你的美学体验和观点，参加一些研讨会或工作坊，与他人分享并获取灵感，你会发现，有了审美力，世界变得更加丰富多彩了。把审美力的培养当成一种生活习惯很重要。时刻关注和反思日常生活中的美学元素，这样你的审美力就会自然而然地提升啦！

当然别忘了利用数字资源，互联网上有好多在线课程、艺术作品库等，它们都能为你增加和艺术接触的机会。把这些方法结合起来，一番持续的操作下来，审美力的培养就不再是枯燥的课程和教材，而是生动有趣的过程！在全球化的背景下，审美熏陶的推进应该更加注重文化的多样性与交叉性。比如，参加融入地域文化特色的艺术项目，可以让你更好地理解和尊重不同文化中的审美差异，培养跨文化沟通和协作的能力。

审美力需要营造一个动态的滋养环境，就是让自己时不时沉浸在艺术的氛围里，这样你就能在大学期间有效地养成终身受用的审美力。审美力不仅能让你的精神世界更加丰富多彩，还能为将来的社会生活和工作打下坚实的抗压基础。

4. 了解时尚与审美的关系

伙伴们，说到时尚与审美，它们之间的关系可真的很有意思呢！咱们得知道，时尚和审美其实是一对“好闺密”。它们互相影响，互为补充。时尚就像是一个流行的风向标，它告诉咱们当下什么最流行，什么最受欢迎，而审美则是咱们内心深处对美的感受和理解，决定了咱们是否会被某种时尚所吸引以及是否愿意追随这种潮流。

举个例子来说吧，比如近些年流行的复古风，很多人都被那种怀旧、复古的时尚元素所吸引。这背后其实就反映了人们的一种审美倾向，即对过去美好时光的怀念和追求。所以，时尚其实是在某种程度上满足了咱们的审美需求，让咱们在追求美的过程中找到了共鸣和归属感。时尚和审美有一个共同点，那就是它们都关注细节。时尚注重的是整体的搭配和呈现效果，而审美则更注重细节的处理和呈现。所以，咱们在追求时尚的同时，也要注重细节的处理，比如配饰的选择、颜色的搭配，等等，这些都能让咱们的整体造型更加出彩。

时尚是时代的热门话题，也左右着许多懵懂的年轻人的消费观。那么，就让咱们专业地聊聊服装和服饰时尚的五个层级吧！

第一层级可是时尚界的“皇冠”——高级定制时尚（Haute Couture）。这个层级代表着独一无二、超级豪华的设计，通常都是由法国时装工会按照高级时装生产标准评估挑选出来的顶级设计师为那些超级富有的客户量身定做的。每一件作品都是手工制作的，超级独特！

第二层级是高级成衣时尚（Designer Fashion）。这一层级的时尚品是由那些超级有名的设计师或设计师品牌制作的。

虽然它们不像高级定制那样独一无二，但质量和设计都超级棒，价格也相对较高。

第三层级是主流品牌时尚（Mainstream Fashion）。这是咱们这些普通人也能轻松“get”的时尚！很多知名品牌的成衣都属于这一层级。这些品牌在设计和生产时会考虑到更广泛的消费群体，所以价格相对亲民，适合咱们大众消费。

第四层级是快时尚（Fast Fashion）。快时尚品牌真的是超级快！它们总能迅速把最新的时尚趋势转化成咱们都能买到的产品。价格超级便宜，更新换代也超级快。但有时候，这些产品可能在质量和穿着可持续性方面出现一些小问题。

最后，咱们来到了第五层级——街头时尚（Street Fashion）！这可是最接地气、最有个性的时尚层级了！它起源于咱们普通人的日常穿搭，强调的是个性和独特性。有时候，街头时尚甚至能影响到时尚界的其他层级呢！

了解完时尚的五个层级，咱们就可以理性地面对，而不会盲目地追求时尚了。更重要的是，时尚是变化的，而审美是相对稳定的。咱们不能因为某个时尚元素流行就盲目跟风，而忽略了自己的审美需求。相反，咱们可以在了解时尚的同时，保持自己的审美独立性，选择那些真正符合自己审美需求的时尚元素来装扮自己。

时尚和审美之间的关系密切而微妙。咱们在了解时尚的同时，需要保持自己的审美独立性，选择那些真正符合自己审美需求的时尚元素来装扮自己的生活。这样，咱们就能在追求美的过程中找到真正的快乐和满足啦！

对于在校学习的大学生，通过时尚感培养审美力是个不错的选择。

时尚感真的能让你更自信哦！找到适合自己的穿衣风格，就能展现出你的个性和魅力，自信心也会跟着水涨船高呢！时尚感在社交场合也是超级有用的。穿着得体、时尚，就能给别人留下好印象，有助于你结交新朋友，拓展人际关系。时尚感还能提高你的审美能力呢！多关注时尚资讯，你会对色彩、搭配等方面有更深入的理解。审美能力也会不知不觉地提升。别忘了，时尚感对职业发展也是有帮助的。比如，在公关、媒体、设计等领域，对时尚的了解和应用都是非常重要的能力。所以，多关注时尚，也能为你未来的职业发展打好基础。

当然，时尚不仅仅局限于衣着，它还包括对生活方式的选择。时尚的生活方式能提升你的生活质量和幸福感。但是，咱们也要注意一点，那就是不要过度追求时尚，否则可能会导致过度消费和形象焦虑。咱们在培养时尚感的同时，也要学会理性消费和提升自我认知水平。

5. CITYWALK 与审美力的培养

伙伴们，说到审美，就必须来跟大家聊聊 CITYWALK（城市漫步）这个话题。CITYWALK 直译为“城市漫步”，有时也用来指代城市里的步行街或商业街区。你知道吗，CITYWALK 在培养审美力方面可以发挥超级重要的作用呢！

1> 城市美学体验

CITYWALK 区域就像一个大型的艺术展览空间，里面整合了各种各样的艺术作品、漂亮的绿色植物和独特的建筑风格。走在里面，就像进入了一个美的世界，能让咱们更加敏感地感知和欣赏美，提高咱们的审美意识。

2> 文化艺术教育

CITYWALK 区域常常成为城市文化活动的中心，有公共艺术装置、街头表演和临时展览，等等。这些活动不仅让咱们的生活更加丰富多彩，还让咱们有机会接触到艺术，学习艺术知识。

3> 社会互动平台

CITYWALK 可以促进大家交流、合作，一起分享美的体验。这种互动还能帮助咱们形成共同的审美标准，让整个社会的审美水平都得到提升。

4> 环境设计标杆

CITYWALK 区域的设计通常都是一流的，它代表了一个城市设计和规划的水平。其他城市在改造空间时，都可以参考其成功案例，让整个社会都追求更好的环境设计。

5> 心理和生理健康

CITYWALK 可以让咱们的心情变得更好，压力也能得到缓解，还能激发咱们的创意，让咱们更加健康。

6> 可持续发展教育

很多 CITYWALK 空间在设计时都会考虑环保，比如使用环保材料、绿色植被和节能技术。这些都能让咱们更加关注可持续发展和环境保护。

7> 经济发展促进

漂亮的 CITYWALK 空间能吸引很多游客和消费者，推动当地商业和旅游业的发展。这样一来，就有更多的钱可以投入公共艺术和文化项目中，形成良性循环。

8> 城市身份与形象塑造

CITYWALK 还能深入了解一个城市的特色和精神，让人们更加有归属感和自豪感；它还能吸引很多外来游客，让他们对这个城市产生好感。

总的来说，CITYWALK 不仅能让咱们享受到美的体验，还能提高咱们的审美素养，促进文化交流和社交活动。大家有空一定要多尝试。

人工智能来了，大量重复性劳动会被取代，能提供情绪价值将是衡量个性化、人机交互温度的重要内容。审美力与提供情绪价值的能力紧密相关。

组员分享

自修审美力的知识点，梳理一个自己擅长的与美有关的爱好，不需要以社会化考级、考证为依据，能有益于自己生活的爱好即可。在组里进行分享，有实物或现场实际操作最好。

小组讨论

在组员分享的过程中，你印象最深的是哪位组员？什么让你印象深刻？他/她给了你什么样的启发或感觉？把思考记录在手账中。

查遗补漏

查找你学校附近的城市博物馆、美术馆、音乐厅、话剧院、戏院、非遗工坊、街舞馆、科技馆等与美有关的场馆、场地，制定一份自己的CITYWALK地图，用休闲时间去了解相关的艺术形式、历史和有关联的人。慢慢地看，慢慢地体验和回味，把感受逐一记录在手账中。多年后再看到这些记录，你便能回忆起此时的美好体验。

君子 利他力 论语 志愿服务

道法自然 佛教

儒家文化 无回报 无为而治

墨家文化 帮助他人

道家文化 关怀他人

同情心 和谐相处 尊重他人

仁爱 慈善捐助【兼爱非攻】个人利益

※ 利他力模块——跳出利己的局限，学会利他，走上人生的坦途

1. 什么是利他力

利他是一种不图回报地帮助或关心他人的品质或行为。一个人如果是利他的，那么他在对待他人时考虑更多的是对方的利益和需求，而不是自己的利益或获取奖励。利他力是指个体展现利他行为的能力，包括同情心、关怀他人以及为了他人的福祉而采取行动的意愿和动机，但利他不可抱有“我高于你”的心态。这种能力可以体现为个人在社会互动中的无私贡献，比如志愿服务、慈善捐助、在日常生活中帮助需要帮助的人，等等。

伙伴们，你们知道吗？“利他”这个概念在中国传统文化里可是有着深厚的历史渊源的。它不仅仅是一个简单的词语，更是一种价值观和行为准则。

儒家文化特别注重“仁爱”和“利他”。它强调人与人之间的和谐相处，倡导“己所不欲，勿施于人”的待人之道。这种思想在儒家经典《论语》中得到了充分体现，比如“仁者爱人”“君子务本，本立而道生”等。儒家文化认为，一个人如果能够把利益给予他人，尊重他人的利益，那么他的道德修养就是高尚的，可以被称为“君子”。

墨家文化也强调利他思想。墨家主张“兼爱非攻”，认为所有人都应该相互爱护，不分亲疏远近。这种思想体现了墨家对于“利他”的深刻理解，即利他是无条件的、普遍存在的。

道家文化虽然以“无为而治”为核心思想，但同样蕴含着利他的元素。

在现实生活中，受中国传统文化的影响，很多历史人物的事迹和民间故事都体现了利他精神。比如，雷锋就是一个典型的“利他”型人物，他的一生都在为他人着想、为他人服务。他的事迹被广泛传颂，成为“利他”精神的现实体现。

总体来说，中国传统文化中的“利他力”体现在儒家、墨家、道家等多个文化流派中，这些流派都强调人与人之间要和谐相处、尊重他人的利益。这种价值观和行为准则不仅在历史上产生了深远的影响，也对咱们今天的生活有着积极的启示作用。

2. 利他与爱自己的关系

伙伴们，咱们来看看利他与爱自己的关系吧！其实啊，利他和爱自己并不冲突，它们可以完美地互补，而且在不少情况下，爱自己还能成为咱们利他行动的基石呢！想象一下，如果一个人连自己都没法照顾好，那可能也就很难有精力去照顾别人了。比如，一个人经常忽略自己的健康，那他可能连基本的体力都没有，怎么去帮助别人呢？反过来，一个懂得关爱自己、关注自己健康的人，就更有可能拥有帮助他人的能力。

想象一下，咱们生活的环境就像是一片繁茂的森林，而你就是其中一棵大树。这棵大树不断地向四周伸展枝叶，为其他小树苗提供庇护和养分，帮助它们茁壮成长。它的根深扎在土壤中，不断地吸收养分，但也将这份滋养传递给周围的树木，让整个森林更加生机勃勃。这就是利他的力量，它让你愿意为了他人的幸福和成长而付出。

爱自己，就像是经营一个温馨的小窝。这个小窝是你自己的避风港，是你放松身心、恢复能量的地方。在这里，你可以照顾自己的需求，关注自己的感受，让自己保持健康和快乐。这个小窝虽然不大，却是你内心最温暖、最安全的地方。只有当你真正地会爱自己，才能拥有足够的能量和力量去照顾他人。

如果过度强调利他而忽略爱自己，那就像是大树不断向四周伸展枝叶，却忽略了根部的滋养。久而久之，大树的根会变得虚弱，无法再为枝叶提供足够的养分。同样地，如果你总是为了别人而牺牲自己，忽略了自己的需求和感受，那么你也会变得疲惫不堪，甚至失去帮助他人的能力。相反，如果过度强调爱自己而忽略利他，那就像是小窝变得过于封闭。虽然你能够照顾好自己的需求，但失去了与他人连接和分享的能力。这样的小窝虽然温暖，却让我们失去了与外界互动和自我成长的机会。

所以，利他和爱自己并不是对立的，而是相辅相成的。它们就像是一对舞伴，在人生的舞台上共同演绎着美妙的舞蹈。只有当你找到它们之间的平衡点时，才能跳出最优雅、最动人的舞步！而且，对很多人来说，帮助他人也是他们实现自我价值、找到人生意义的一个重要途径。比如，一个志愿者在社区里无私地付出，不仅帮助了别人，还收获了满满的成就感和社会的认可，这不就是自我关爱的一种表现吗？当然啦，利他和爱自己之间也得有个平衡。有时候，咱们可能会过度牺牲自己去帮助别人，那样反而会让自己感到疲惫、挫败。比如，有的父母可能会为了孩子放弃自己的爱好和休息时间。但如果长期这样，他们可能会感到很累，甚至会影响到家庭关系。所以，父母也得学会在照顾孩子和照顾自己之间找到平衡，这样才能既照顾好家庭，又保持自己的幸福感。

利他与爱自己，如同天平的两端，相互依存，平衡共进，帮助咱们实现自我与他人的和谐共生。总的来说，学会爱自己并不是自私，而是意味着咱们要了解并尊重自己的需求。这样，咱们才能更持久、更有效地去帮助别人。反过来，利他的行为也能让咱们感到更加幸福和满足，这其实也是对自己的一种关爱。所以，利他和爱自己之间，应该是一种动态的平衡。

3. 利他力的价值

嘿，伙伴们！咱们来聊聊“利他力的价值”这个话题吧。

利他行为，如同一束温暖的光，悄无声息地照进咱们的生命之中，赋予咱们成长的力量与勇气。它并非简单地给予他人帮助，而更像是一场内心的旅行，让咱们在付出的过程中，发现自我、成就自我。利他行为能够培养咱们的同理心与爱心。当咱们用心去倾听他人的需求，用爱去帮助他人时，咱们的内心也会变得更加柔软和丰富。这种同理心不仅让咱们能够更好地理解他人，也让咱们更加珍惜和感恩自己所拥有的一切。利他行为还能够锻炼咱们的社交能力。在帮助他人的过程中，咱们需要与他人进行沟通、协作，这无形中提高了沟通能力和团队协作能力。这些技能在职业发展和社会生活中都是不可或缺的。利他行为还能够提升咱们的自信心和成就感。当咱们看到自己的努力为他人带来改变时，内心也会涌起一股难以言表的喜悦和成就感。这种成就感不仅能够增强咱们的自信心，还能让咱们更加坚定地走在成长的道路上。利他行为丰富了咱们的内心世界。在帮助他人的过程中，咱们会遇到各种各样的人和事，这些经历会让咱们更加深刻地理解人生的意义和价值。学会感恩、学会付出、学会珍惜，这些品质将伴随咱们一生，成为成长道路上最宝贵的财富。

总之，利他对个人成长的益处是多方面的、深层次的。它不仅能够培养咱们的同理心、爱心和社交能力，还能提升咱们的自信心和成就感，丰富咱们的内心世界。让咱们在成长的道路上，不断追寻利他的脚步。让生命因付出而更加精彩。

再来说说利他行为对群体和社会的贡献吧！想象一下，如果每个人都愿意帮助别人，那咱们的社会就会变得更加和谐、更加温暖。就像是一种"利他的连锁反应"，大家都愿意做好事，咱们的社会也会变得更美好！

此外，在紧急情况下，利他行为更是让人感动。比如在地震、洪水灾害发生时，那些挺身而出，救助受困者的人，他们不仅拯救了生命、提供了物质上的帮助，更给予了受灾者希望和力量。

长期坚持利他行为，也能让咱们的社区更加稳固和团结。比如参与社区服务、环保项目等，这些都能加强人们之间的联系，培养共同的目标。这样，在面对困难时，咱们就能相互依靠、共同克服。

不仅如此，利他行为还能推动社会进步呢！很多社会创新和改革都是起源于个人和团体的利他行动。他们的工作填补了政府服务的空缺，为社会边缘群体提供了支持，让社会更加公平和正义。

利他力真的是一个超级棒的力量！它不仅能让咱们个人成长，还能让咱们的社区、社会更加美好。让咱们一起努力，培育和鼓励利他精神，共同创造一个更加团结、有韧性和包容的世界吧！

4. 利他与公益的关系

伙伴们，咱们从利他力的视角来聊聊公益、公益行为、公益与慈善的区别，还有利他与公益的关系吧。

首先，公益是什么呢？简单来说，公益就是为了社会的整体利益而去做的事情。公益的目标是解决社会问题，它可是个全能小助手，从思想观念、制度、文化、经济到政治层面，都能找到它的身影。公益的对象是社会中的弱势群体，比如自闭症群体及其家庭，或者是受歧视的少数群体。

说到这里，公益，听起来就像个纯粹的“做好事不留名”的大侠，但实际上，公益也可以是营利性的，不过这里的营利可不是为了赚钱，而是为了更好地支持公益事业的持续发展。咱们得明白，公益基金会的盈利模式跟商业企业不太一样。它们除了商业的盈利外，还可以靠捐款和赞助来筹集资金，这些钱可以用来支持基金会的运营、项目实施以及资助相关群体。比如，一些大型公益基金会可能通过有效的资产管理，比如投资、物业等，来获取一些收益，但这部分收益也主要是用来支持公益事业的。公益基金会还可以跟政府、企业和其他非营利组织合作，开展公益项目，从中获得一定的费用或奖励。比如，有些环保公益项目就可以与绿色产业结合，通过销售环保产品或提供环保服务来获得盈利，这种商业模式不仅有益于环境保护，还能为公益项目带来经济效益，从而维持项目的可持续发展。所以，公益项目在营利的同时，也要注重社会责任，确保项目的公益性质不受到影响。

总的来说，公益的营利性主要是为了支持公益事业的持续发展，而不是为了赚钱，但需要明确的是从事公益工作的人可以有收入。这种营利是通过捐款、赞助、资产管理、项目合作等多种方式来实现的。无论如何，都不能忘记公益的初心和使命哦！

其次，公益行为又是怎么回事呢？公益行为就是组织或个人为了帮助社会公益事业，愿意付出人力、物力或金钱的行为。很多成功的企业都会通过公益行为来提高自己的知名度和美誉度，比如赞助体育赛事、支持教育事业等。

再次，咱们说说慈善和公益的区别吧。虽然慈善是公益的一部分，但它们可是有区别的哦。慈善主要是帮助那些当前有困难的人，公益则更侧重于解决社会问题，并追溯问题的根源和最终影响。慈善通常是通过物质、金钱或人力来帮助别人，而公益除了这些，还会涉及普及概念、转变思想等无形的方面。

最后，咱们来看看利他和公益的关系吧。利他是一种精神，就是想着别人的利益和需要，愿意为他人付出和奉献的精神。而公益行为就是利他精神的一种体现。通过公益行为，咱们可以实现利他的目标，同时也能让社会变得更加美好。

5．怎样培养利他意识和能力

伙伴们，想让自己变得更懂得关心他人，更乐于助人吗？这里有几个小妙招可以帮到你。

1> 要学会培养同情心

想象一下别人的感受和需求，就好像你自己是那个人一样。这样，你就能更好地理解他们啦！

2> 多参加一些志愿活动

比如社区服务或者慈善活动，这样你就能经常帮助别人，也会习惯去帮助他人哦！

3> 学习和教育很重要

读一些相关的书籍、文章或者学习相关的课程，会让你更加明白利他力的重要性和具体实践方法。同时，定期反思一下自己的行为和动机也是很有必要的。想一想，你怎样才能更好地帮助和服务他人呢?

4> 寻找一些榜样，然后试着模仿他们的行为

比如，你发现某个同学总是乐于助人，那你也可以像他一样，多多帮助身边的人。其实，利他力的养成并不一定要做很大的事，从日常小事开始也是可以的。比如，扶残疾人过马路，给朋友一个“倾听的耳朵”。

5> 培养感谢的习惯

要认识到自己得到的帮助，不仅用语言感谢，还要用行动去传递你得到的帮助，少用“家人们”“感恩”等大词，也别只说不练，这样你就会更有动力去帮助他人啦!

通过上面这些方法，你一定能逐步提高自己的利他力，变成一个更关心他人、对社会有积极贡献的人。加油!

利他力 ENGINE

学习引擎 LEARNING

组员分享

自修利他力的知识点，梳理自己过往经历中一次印象深刻的利他行为。对这件事自我感觉无论是好还是不好，无论是感觉自己受伤，还是得到了心理满足，均可分享。

小组讨论

通过组员的分享，讨论爱己、利己、自私的界限，明确利他行为不是被道德绑架的结果。

查遗补漏

收集本校、本院、本系、本宿舍楼、本宿舍的公益项目信息，选择其中一个成为其志愿者。尽可能持续而深度地参与其中。在上学期间，了解公益项目的创建规则和流程，针对某些需要帮助的人群或个体进行公益项目设计并落地执行。

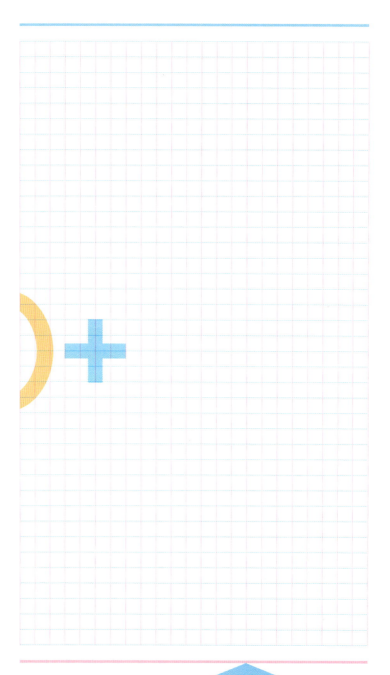

健康
影响
因素

身体
健康

健康误区

生活
方式

中西
医
并重

健康力

心理
健康

健康
生活
方式

不良
生活
方式

慢性
疾病

大鱼
大肉

改革创新

酗酒

吸烟

体重管理
七情六欲
预防为主

胰脏
健康

暴饮暴食

※ 健康力模块——世间一切的美好始于健康

1. 什么是健康力

健康力，说白了就是咱们保持身体和心理健康的“超能力”啦！这个“超能力”源于健康的生活方式，就像是咱们和自己的身体、心情要和谐共处一样。

伙伴们，你们知道吗？在 2016 年 10 月，中共中央、国务院印发《“健康中国 2030”规划纲要》（以下简称《纲要》）。这个文件号召大家，要一起努力，把健康融入生活的方方面面。

《纲要》指出，要以人民健康为中心，坚持以基层为重点，以改革创新为动力，预防为主，中西医并重，把健康融入所有政策，人民共建共享的卫生健康工作方针，针对生活方式、生产生活环境以及医疗卫生服务等健康影响因素，坚持政府主导与调动社会、个人的积极性相结合，推动人人参与、人人尽力、人人享有，落实预防为主，推行健康生活方式，减少疾病发生，强化早诊断、早治疗、早康复，实现全民健康。

世界卫生组织做过一项研究，结果显示，人们的生活方式和行为对健康影响最大，大约占 60% 的比重。所以健康的生活方式可以帮咱们预防大部分的重大疾病和慢性疾病。

2024年6月，国家卫生健康委宣布启动“体重管理年”活动。该活动旨在动员社会广泛参与，提升全民的体重管理意识和技能，普及健康生活方式。

现在的社会中，传染病少了，但是那些不良生活方式引起的疾病却越来越多了。对于咱们青年来说，拥有适应生活环境的健康力，是打造幸福生活的基石。所以，大家都要努力呀！

2．大学生健康力养成的认知误区

伙伴们，今天咱们先来了解一些大学生健康力养成的认知误区吧。你们知道为什么咱们的健康水平有时候会下降吗？医学和病理学专家通过研究发现，其主要原因就是咱们的不良生活方式。简单来说，就是“吃多了”“吃错了”和“缺少运动”这三点。

“吃多了”这个误区，你们可能觉得没什么大不了的，但真的要重视。有研究表明，在某些情况下，暴饮暴食比吸烟和酗酒还损害健康！特别是咱们的胰脏，它要不停地工作来降低血糖，这样下去就会累坏的。所以，咱们要少食多餐，让胰脏轻松点，保持血糖的正常水平。

“吃错了”这个情况也很常见。你们是不是觉得大鱼大肉才是导致肥胖的元凶？其实不是的，主要是咱们主食吃错了。比如细粮吃太多，或者粗粮和细粮搭配不合理，这样就会因营养不均衡而引发各种代谢类疾病。细粮是指谷物类的粗粮去掉了麸皮剩下的部分，其主要成分是淀粉，即糖类。麸皮中富含维生素、矿物质和纤维素，可惜在加工过程中全被抛弃了，因而细粮只提供了热量，没有提供辅助热量代谢的微量元素。长期只吃细粮会导致营养不均衡，从而导致代谢不平衡，最终引发代谢类疾病。

所以，咱们要多吃粗粮，少吃细粮，让身体更健康。国际公认的“克里威二十年法则”指出，一个国家或地区，如果将主食改为精致碳水化合物即细粮，在 20 年内，糖尿病和心脑血管疾病患者将会普遍出现，40 年内，这些疾病就会扩散。这一法则已在冰岛、以色列、沙特阿拉伯、印度、日本、墨西哥等国家一再得到验证。

越精加工的大米白面等碳水化合物血糖生成指数（GI）越高，大米白面的血糖生成指数与白糖相当。长期摄入高血糖生成指数的食物会导致“碳水化合物上瘾”。饮食调查显示，咱们每天摄入的食物中有 85% 是高升糖指数的食物，例如早餐常见的大米稀饭、白面馒头、包子、油条等。

摄入一顿“高血糖生成指数食物”，必然导致餐后血糖升高过快，之后胰脏会靠“过度分泌胰岛素”来降血糖，因而导致“低血糖”。低血糖会带来头晕、心慌、腿软、乏力、冒虚汗、眼前发黑等症状。出于本能，人体会“大量分泌应急激素”，带来“极度饥饿”的感觉，促使人去寻找食物。到了午饭时间，咱们吃的米饭、面条又是“高血糖生成指数食物”，饭后又是“血糖升高过快”，胰脏“过度分泌胰岛素”导致“低血糖”，“大量分泌应急激素”又带来“极度饥饿”，如此形成了恶性循环。高血糖生成指数食物带来的极度饥饿感更容易导致暴饮暴食，也就是说，“吃错了”更容易导致“吃多了”。“吃错了”和“吃多了”会共同推动这种恶性循环，最终导致“碳水化合物上瘾”，主要表现为“馋主食”，即一顿饭无论吃了多少，只要没吃主食就感觉没吃饱。

最后，就是“缺少运动”这个误区。运动是保持健康的重要方式之一，可以让咱们的身体更强壮、心情更愉快。大家要记得多运动，不要总是宅在宿舍里哦！

以上就是健康力养成过程中常见的认知误区，希望大家都能养成健康的生活方式，拥有强大的健康力。加油！

3．怎样科学地养成健康力

伙伴们，咱们需要知道怎样科学地养成健康力。

首先，咱们要明白一个事情，那就是地球上所有的生物，包括咱们人类，都有一种“自愈能力”。这可是个超级酷的“超能力”哦！想象一下，你的身体就像一个超级智能的机器人，拥有一种神奇的“自我修复”功能。当你受伤或者生病的时候，这个“超能力”就开始发挥作用啦！你的身体会自动调动起内部的“医疗队”，派出各种“修复细胞”去对抗那些“坏蛋”病毒和细菌。它们就像一群勇敢的战士，在你的体内展开一场激烈的战斗，努力让你的身体恢复健康，让咱们重新焕发生机！咱们要好好珍惜这个“超能力”，通过保持良好的生活习惯和积极的心态，来增强它的力量。这样，在面对生活中的各种挑战时，咱们就可以更加从容和自信啦！

现在的社会压力越来越大，很多伙伴的身体都有点小问题，其中很多都是由于咱们的生活方式不太健康造成的。要想身体棒棒的，咱们就要从四个方面入手：饮食、运动、睡眠和心态。

1> 饮食：吃得好，身体才能好

想象一下，把你的身体比作一台超级跑车，那么食物则是汽油。没有汽油，跑车就跑不动了；同样，没有食物，你的身体就会“罢工”。比如，蛋白质是身体细胞制造和修复的重要材料；碳水化合物是你的“能量站”，为你提供日常所需的能量；而维生素和矿物质则是身体的“小助手”，帮助身体维持正常运作。吃太多油腻食物和甜食，可能会增加得心脏病和糖尿病的风险。但如果咱们均衡饮食，多吃蔬菜、水果和全谷类食物，就能大大降低这些风险。咱们每天都要吃各种各样的食物，比如谷薯类、蔬菜水果类、畜禽鱼蛋奶类、大豆坚果类，等等。这样身体才能获取足够的营养，保持健康。研究显示，通过控制饮食，摄入适量的卡路里，可以帮助人们维持健康的体重。要知道，肥胖是很多健康问题的根源哦！

2> 运动：生命在于运动，那么怎样运动才最好呢

当你跑步或游泳时，你的心脏就像一个强大的泵，不断把新鲜的血液输送到全身各处。这样，你的心肺功能就会越来越强，身体也会更健康。研究表明，保持适当运动量的患者，因心梗和脑梗死而猝死的概率相对较低。运动真可以帮助咱们远离这些可怕的疾病！有时候学习压力大，或者和朋友闹矛盾，都会让咱们心情变得低落。但如果你去运动一下，出出汗，整个人就会感觉轻松多了！运动是天然的“解压阀”。

均衡饮食和运动是保持健康力的两大法宝。要想身体好，一定要吃得均衡、动得适量。建议大家多做一些有氧运动，常见的有氧运动有：快走、慢跑、游泳、骑自行车、打太极拳、跳健身舞、跳绳、做五行操等。有氧运动的特点是强度低、有节奏、不中断和持续时间长。建议每天做两次，每次 15 分钟以上，背后微微出汗即可。这些运动不仅可以提高心肺功能，还能让咱们放松心情哦！

3> 睡眠：睡眠可是个大事儿

睡眠可是个大学问呢！只有睡得好，才能精神饱满地迎接新的一天。所以，大家一定要保证充足的睡眠时间，尽量不要熬夜。人的一生中，睡眠占了近 1/3 的时间，它的质量与人体健康有密切的关系。可以说，睡眠质量决定生活的质量。

关于睡眠的学问，你知道吗，咱们的老祖宗在《黄帝内经》里早就给咱们提示过啦！

睡眠和阴阳有啥关系呢？其实，睡眠与自然界和人体阴阳之气的变化是密切相关的。晚上，阳气都藏到阴分里去了，所以咱们就能安心睡觉；到了早上，阴气逐渐消散，阳气开始旺盛，咱们就醒了。春天的时候，大自然阳气开始生长，建议咱们“夜卧早起”，稍微晚点睡，早点起床。这样不仅能更好地适应季节变化，还能让我们充满活力。

再说说睡眠和卫气的关系吧。中医理论认为，营气和卫气的运行是睡眠的生理基础。具体来说，卫气的运行状态对睡眠的影响尤为显著。白天，卫气在阳分，咱们就清醒；晚上卫气进入阴分，咱们就能进入梦乡啦。如果卫气不进入阴分，就可能睡不好觉。

关于睡眠，有几个问题得注意。第一，“寝不横尸”，就是说不要仰面朝天睡，像尸体一样，这样不健康。现代医学也发现，这样睡觉时肢体放松程度最差，容易做噩梦。第二，“卧不覆首”，睡觉时别蒙头。因为头是阳气聚集的地方，蒙头睡觉会影响气血运行和呼吸。第三，“眠不北向”，古人认为头朝北睡觉不好，因为北方被认为是阴冷之地，容易导致头部的阳气受损而影响睡眠质量。

睡眠和脏腑也有密切关系。比如，胃不舒服时，睡眠就会受影响；肝血不足会导致心神不宁，从而影响睡眠。通过调理脏腑功能，可以改善睡眠质量。

一天中，晚上 11 点到凌晨 1 点是睡眠的关键时段，咱们得好好休息。

要是失眠了怎么办呢？别担心，可以试试中药调理，比如酸枣仁、夜交藤这些药材；还可以按压穴位；保持乐观心态，减轻压力；调整作息习惯，别让自己太累或太兴奋。这样，你就能有个好睡眠。

4> 心态：好心态是幸福开心的钥匙

伙伴们，想象一下，如果咱们的大学生活是一部色彩缤纷的冒险电影，那心态就像是电影的背景音乐，它决定了咱们能否在困境中翩翩起舞，或是在挑战中高歌猛进。咱们都有七情六欲，这是很正常的，对身体和心灵都有好处，所以心态这事儿是超级重要的。保持乐观、积极的心态，遇到问题要冷静、理性地解决。这样咱们的身体才会更加健康。如果情绪波动太大，总是紧张兮兮的，那就会使身体机能出问题，可能还会生病。

在这里，我要给你们介绍几位“心态英雄”的冒险故事，看看他们如何在大学生活的舞台上，用积极的心态书写属于自己的精彩篇章！

咱们先说说积极乐观的小李吧！他的室友因为考试压力大，心情很低落。但小李没有抱怨或者不管他，反而主动和室友聊天，分享自己的学习方法，还提议一起运动放松。后来，室友的心情好了很多，他们两个人都考得很好，公寓的氛围也变得更积极啦！

再来说说乐于助人的小王吧！公寓的公用设施有时候会出点问题，但小王总是第一时间联系维修人员，还会告诉大家怎么回事。这样一来，问题都能及时解决，室友们都很感激他，室友之间也变得更团结啦！

接着聊聊自律性强的小张吧！他特别珍惜大学时光，每天都按照计划来生活。起床、上课、自习、休息，一切都井井有条。他还会鼓励室友们一起制订计划，一起努力。小张的自律不仅让他自己很优秀，还带动了整个宿舍的学习氛围呢！

最后是善于沟通的小赵啦！宿舍的室友们来自不同的地方，学不同的专业，生活习惯都不一样。但小赵特别会观察和倾听，总是能化解大家之间的矛盾和误会。他还会组织活动，让室友们变得更亲近。小赵的沟通能力让宿舍变得更加温馨和谐，大家都超级喜欢他！

看，这就是心态的力量。它不仅能让咱们在挑战面前不退缩，还能让咱们在困难中看到希望。就像那些心态英雄一样，他们用自己的行动证明，只要心态积极，咱们就能在大学生活的舞台上，演绎出属于自己的精彩故事。所以，伙伴们，让咱们一起成为心态的掌控者。用积极的心态，书写属于自己的辉煌篇章吧！

以上就是我给大家的健康小贴士。希望大家都能养成健康的生活方式，每天都活力满满地迎接新生活！

健康力 ENGINE

学习引擎 LEARNING

组员分享

自修健康力的知识点，自查食物、饮料、运动、睡眠、心态五个方面的情况，设计一个疼爱自己的健康力清单，简单说明设计原则。

小组讨论

听完组员分享，比对大家的健康力清单，交流对“一方水土养一方人”这个话题的看法。

查遗补漏

将公寓宿舍的床单被褥经常拿到户外晾晒。晒过的被子有阳光的味道，非常有利于睡眠。

住校吃食堂的伙伴，可以每周做一顿饭，不需用炉子加工，以凉拌菜为佳，并为自己准备一套有仪式感的碗筷。

学会一种不受设备和天气影响的健身方法，如八段锦、太极拳、禅定等，保证随时随地可以做一遍。

找几种适合自己的解压方式。

学会看配料表，远离“科技与狠活儿”的饮料和零食。

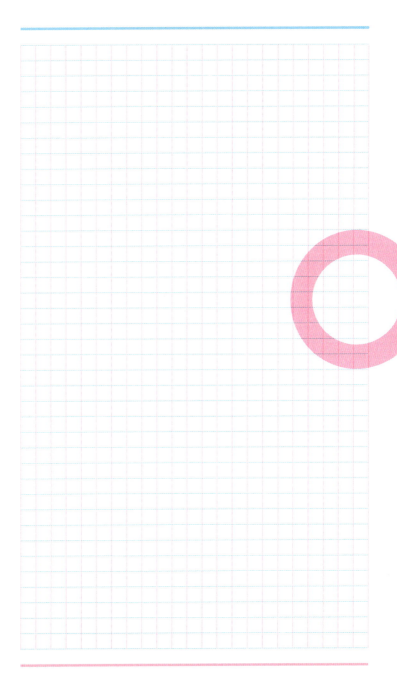

家庭形式　家庭力　人际关系　现代家庭

情感支持　社会基本单位

安全感

性别角色　价值观念

个性成长

人格发展……

情绪管理

抚养后代　生育

社会化　和谐相处

道德观念　传统家庭　文化观念

家庭结构

※ 家庭力模块——这一世情感的起点、纽带和义务

1. 什么是家庭力

伙伴们，你们知道什么是“家庭力”吗？这可不是什么超能力。其实，家庭力就是咱们在家里处理自己的个性、人格成长、人际关系还有情绪管理等方面事务的能力。

家庭，就像是咱们生活的一个小宇宙，里面有爸爸、妈妈、兄弟姐妹、亲戚们。咱们在这个小宇宙里，不仅要学会和家人和谐相处，还要学会处理各种各样的人际关系。虽然现在科技和经济都在不断变化，家庭的形式也越来越多样化，但无论家庭怎么变，咱们都需要在家庭中学会如何与人相处、如何处理复杂的人际关系。这样，咱们才能在社会这个大舞台上更好地生存和发展。

家庭力是学生在学校公寓中长期共同生活而形成的类家庭生活能力。大学时期是走向社会组建自己的家庭前的最佳学习期和训练期。希望大家都能拥有强大的家庭力，和家人一起创造更多美好的回忆。

2. 家庭作为社会基本单位，其传统与现代形态有何变化

伙伴们，咱们来聊聊家庭这个话题吧。

首先说说传统的家庭。你们知道传统家庭的主要任务是什

么吗？就是生育和抚养后代。家庭就像是一个温暖的摇篮，养育和教育咱们，让咱们茁壮成长。而且，家庭还能给咱们提供情感支持和安全感，让咱们感到特别温暖和安心。家庭还是咱们社会化的第一站，咱们在这里学会了怎样做人、怎样与人相处，还有一些重要的文化观念、道德观念和价值观念。家庭成员之间还会互相帮助，一起面对生活的挑战。

不过，随着时代的变迁，现代家庭发生了很多变化。首先就是家庭结构变得多种多样了，不再是以前那种简单的父母和子女的组合，现在还有很多单亲家庭、重组家庭、无子女家庭，等等。另外，性别角色也发生了很大的变化，女性越来越多地参与到职场中，男性也开始更多地承担家庭责任。在现代社会中，年轻人更喜欢独立居住，不再像以前那样和父母住在一起，这也让家庭成员之间的互动模式发生了改变。此外，科技进步和经济形态的变化也影响了家庭成员之间的互动方式，现在虚拟沟通越来越多，面对面的交流就相对减少了。

这就是传统家庭与现代家庭的变化。你们觉得这些变化怎么样？对于将来自己的家庭的样子你们有没有什么想法？

3．家庭对个人的生活模式有哪些影响

伙伴们，咱们来聊聊家庭对个人生活模式的影响吧。

家庭对咱们的亲密关系建立可是超级重要的。有时候，你可能会发现自己好像在重复父母的生活模式，甚至在选择伴侣的时候，也会无意识地延续他们的方式。就像有位同学说的，她爸爸脾气暴躁，结果她也找了个容易冲动行事的男友，这可真是让人惊讶！可见，家庭环境对个人的情感和行为有着深远的影响。

再说说亲子关系吧。你们知道吗，一个在幸福的家庭成长起来的孩子，在遇到难以解决的事情时，第一反应就是找父母帮忙。因为他知道，父母肯定会相信自己，并帮助自己解决问题。这种被爱的感觉会陪伴孩子一辈子。

除了亲密关系，家庭还会影响咱们与金钱的关系。例如电视剧《人民的名义》里塑造的贪官赵德汉，他家境贫寒，从小穷怕了，所以即使有了很多钱，也不敢花。人们对金钱的态度，很大程度上是家庭影响的结果。

家庭也会影响咱们的性格特质。比如有的人，在小时候接受的是挫折教育，家长对其教育极其严格。那么他 / 她长大后就可能会选择追求自由，逃离家庭的束缚。可见性格的形成，和家庭环境有着密不可分的关系。

网上曾经有人做过一个调查，题目是“一个完美的家庭是什么样的？”参与者的回答各种各样，有的人认为完美家庭是有强大的经济实力，父母温柔体贴，相互尊重，情绪稳定，可以平等地对待孩子，给予足够的爱和安全感，没有重男轻女的思想，身体健康，等等。但是，完美的家庭真的存在吗？每个人对于理想型父母的期待都有所不同。在成年后用各种各样的方式去补偿这些期待。有的方式具有积极意义，还有一些成了亲密关系或者工作中的阻碍。虽然在意识层面，人们明确地知道并没有什么完美，但潜意识始终默默地企图在新的关系里寻求满足。

由此可见，咱们从小成长的环境和与父母的关系，真的会在很大程度上决定咱们的人际关系、夫妻关系和亲子关系。就像鱼生活在水里却看不见水一样，家庭对咱们的影响也是潜移默化的。不过，家庭只是咱们人生的起点，并不是终点。如果家庭在某些方面对咱们有所欠缺，咱们就要努力自己去弥补！记住，咱们的命运要掌握在自己手中！

4．从大学公寓生活的角度来看，家庭和家庭力有什么关系

伙伴们，你们知道吗？在大学公寓里，咱们这里说的“家庭”可跟家里的“家庭”不一样。

在学校里，当咱们说“家庭”时，其实是在说一种情感归属感以及和室友们互相帮助的小团体。你们在家有家人，在公寓里，室友们就是你们的“家人”啦！你们一起分享快乐、分担压力，在彼此的陪伴和支持下，感觉就像在家一样温暖。

而“家庭力”呢，就是那种室友们一起展现出来的支持、理解和包容的力量。想象一下，当有人遇到困难时，其他人都会伸出援手；当有人取得好成绩时，大家会一起为他 / 她欢呼。这种力量真的很强大，它能让你们更加团结，更加坚强地面对大学生活中的挑战。

从大学生公寓生活的角度看，“家庭”和“家庭力”就是咱们在异地求学时最可靠的精神支柱和力量源泉。

5．看清原生家庭对自己的影响，走向幸福

伙伴们，你们知道吗？原生家庭对咱们每个人来说，都像是一颗种子，深深地扎根在咱们的心田里。想走向自己的幸福，咱们得先看见这颗种子是怎么影响咱们的。

1> 家中排行

你知道吗，你是家里的老大、老二或是老幺，其实都悄悄地在影响你。比如老大可能会特别努力，不想让爸妈失望；老二可能特别会体谅人，因为感觉自己总是被忽略；而老幺呢，可能更自由、更任性一些。

2> 成长背景

小时候看到的东西，长大后可能会变成你的“心理按钮”。比如说，如果小时候看到妈妈总是用眼泪“控制”爸爸，长大后你可能会对眼泪特别敏感。

3> 内在誓言

每个人的内心都有一个“座右铭”或者“内在誓言”，它可能是从咱们的成长经验中来的。比如“人生就是要打拼”或者“男人都是不可靠的”。

以上这些都是原生家庭对我们的影响，看清这些影响后，咱们要怎么走向自己的幸福呢？

第一，咱们要变成一个真正的成年人，告诉那个年幼的、受伤的自己：“你不需要为那些事情负责。”找个安静的地方，拿出你小时候的照片，大声地告诉那个孩子：“你不需要为……负责！”

第二，咱们可以给那个内心的孩子写一封信，告诉他，虽然家庭曾经给咱们带来了影响，但并不能阻止咱们成为更好的人。记住那个费斯汀格法则：生活中只有 10% 是由发生的事情组成的，剩下的 90% 都是咱们的反应。所以，只要咱们看到了、意识到了，就是改变的开始。

第三，咱们要学会不再怪罪别人，也不再折磨自己。因为每个人的心都有伤痕，但那也是光照进来的地方呀！

6．构建家庭力需要哪些能力要素

伙伴们，你们已经知道，家庭力就是咱们家庭里那种让人感到温暖、和谐的力量啦。想要构建这种力量，需要具备哪些能力要素呢？咱们来了解一下吧！

1> 个性和人格成长要素

在家里，咱们每个人都要成长和变化，同样，在学生公寓咱们更需要成长，也必将产生变化。家庭力就像一股风，帮助咱们吹散困惑，找到自己的方向。可以通过咱们和家人 / 舍友之间的聊天、鼓励，让咱们变得更加坚强和自信哦！

2> 人际关系管理要素

家里有很多不同的人，比如爸爸妈妈、爷爷奶奶、兄弟姐妹，等等。在学生公寓里，则是来自五湖四海、天南海北的人，生活习惯、文化背景有很大的差异。家庭力能提醒咱们学习如何和不同的人相处，如何理解和包容彼此。这样，咱们家里就会充满爱和温暖啦！

3> 情绪管理要素

有时候，咱们会因为一些小事情而生气或者难过。家庭力提醒咱们要管理自己的情绪，让自己冷静和理智。这样，咱们就不会轻易被情绪控制，也不会伤害到家人 / 舍友哦！

4> 应对家庭结构变化要素

现在的家庭结构和以前不一样啦，有很多不同的形态。家庭力明确了咱们要适应这些变化，让咱们在不同形态的家庭中都能过上幸福的生活。

5> 识别和发展要素

家庭力还可以帮咱们识别家人的需求，看到他 / 她们是如何相互支持和理解的。这样，咱们就可以更加珍惜家人 / 舍友之间的感情啦！同时，家庭力也会让咱们变得更加成熟和独立。

那么，如何培养家庭力呢？咱们可以多和家人 / 舍友聊天、分享彼此的想法和感受；学习如何有效地表达自己的意见，也学会倾听家人 / 舍友的声音；当家里发生矛盾时，咱们可以试着用和平的方式解决；还可以学习一些自我管理的技巧，比如管理时间和情绪的技巧；等等。

家庭、学生公寓是咱们成长的摇篮，它们都能给予咱们温暖和力量。家庭给人最好的礼物是：一份稳定，给予安全感与归属感；一个榜样，赋予你为热爱坚持到底的勇气；一份平等的尊重，目送你走向独立的自我成长之路。

让咱们一起努力，培养家庭力，让咱们的家（公寓）变得更加温馨和美好吧！

家庭力 ENGINE

学习引擎 LEARNING

组员分享

自修家庭力知识点，分享在宿舍与室友共同生活中的温暖，阐述温暖的来源，自己可以回报什么。

小组讨论

回忆让你印象深刻的用家庭力解决问题的经历，分享那些打动你的内容。

查遗补漏

在公寓宿舍生活中，你一步步构建了自己一床一桌一橱的胶囊小家，请在手账中记录下点点滴滴的美好。这里有文字、有照片、有手绘图画、有贴纸，有他人的祝福，有各种仪式的纪念品。公寓宿舍的生活景象就是你未来小家的小样。

不管房子是买的还是租的，你都要记得，你在哪里，家就在哪里。家是港湾，家是加油站，家是放松的地方，记住这些，用你的勤劳开始建设吧。

社会责任感 协作 适应 创新 创造性思维

(创新力 数字化

0-1

工作场所

新生产力 体力劳动) 2-∞ 传统劳动能力

教育培训

技能要求 * 信息处理

脑力劳动 推动

......:() +_

解决复杂问题 跨学科 简单技能 $ 综合能力

※ 创新力模块——迎接不确定的事物，在希望中创新

1．什么是创新力

伙伴们，咱们来聊聊“创新力”这个词吧！“创新力”简单来说，就是在技术革命性突破、生产要素创新型配置、产业深度转型升级这种新型的生产方式下，咱们劳动者需要具备的能力和素质。当今时代，这些能力不仅包括传统的那些专业知识和技能，还包括跨学科的知识、数字化的技能、团队合作的能力、面对复杂问题的解决能力以及社会责任感。创新力的核心就是要满足当今智能化、数字化、全球化背景下的人才需求，其本质在于劳动者适应和推动新生产力发展所需的综合能力和素质。创新力的关键词包括：综合能力、适应、推动、新生产力、创新、跨学科、数字化、协作、解决复杂问题、社会责任感。

2．创新力和传统的劳动能力的区别

咱们来看看创新力和传统劳动能力有什么区别。

1> 概念不一样

传统劳动能力主要体现在体力和简单技能上，比如手工劳动、机械操作。而创新力呢，更注重的是脑力劳动、信息处理、创新和创造性思维。

2> 工作内容差别大

传统劳动能力主要体现在体力劳动和重复操作机械中，比如生产线上、建筑工地上、办公室里重复性的工作。而创新力呢，更多的是体现在脑力劳动和创造性工作中，比如人工智能训练、网络营销或提供持续情绪价值服务的相关岗位。

3> 对技能要求大不同

传统劳动对复合性技能要求比较低，而创新力则需要掌握信息技术、数据分析技术，同时还需要具备解决复杂问题的能力和创新思维，这些技能要求就高多了。

4> 教育和培训方式不一样

传统劳动能力主要是通过职业学校、技工培训和在职培训来培养的。而创新力呢，更多是需要高等教育、持续学习和职业教育来实现，并且要不断更新知识和技能。

5> 工作场所不同

传统劳动能力的工作场所通常是工厂、建筑工地、办公室这些地方。而创新力呢，工作场所更多样，可以是办公室、远程工作环境、实验室、创意工作室，甚至是一家咖啡馆、茶馆、户外等。总之在哪儿都能办公！

6> 经济贡献不同

传统劳动能力在工业化初期和中期是经济发展的主要推动力。而创新力呢，在信息化和知识经济时代，成为推动经济发展的主要动力。创新力让生产力更上一层楼！

伙伴们，读完这些内容，你是不是对创新力有更清晰的认识了呢?

3. 新时代的创新力劳动者和工业时代的传统劳动者的生活状态有什么不同

创新力劳动者和传统工业时代的劳动者在工作状态上有什么不一样的地方？仔细了解一下，真是挺有趣的。

首先，工作性质就大大不同。在工业时代，制造业工人们的工作方式与现在完全不同。他们就像是小蜜蜂一样，在流水线上忙个不停，每天都重复着相同的动作，操作着大机器，完成固定的生产任务。虽然这样的工作对体力要求很高，但其实技能方面要求并不是特别高，一般只要经过简单的培训，就可以上手。

相比之下，在创新力时代，劳动者主要做的是“烧脑”的工作，比如写代码、分析数据、做研究等，或者是提供情绪价值以及驾驭各种人工智能软件的工作。他们设计、开发和维护新的工作业态，不仅需要掌握超级专业的知识，还得有创新思维、解决问题的能力，以及和团队成员合作的默契。此外，他们还得不断学习和更新自己的知识，跟上科技发展的步伐。他们的工作常常需要用到互联网和信息技术，而且内容具有创新性和挑战性。

其次，工作环境也大不同。在工业时代，有些工厂环境可能比较嘈杂、拥挤，而且工作时间都是固定的，很难有灵活的工作安排。有时候，工作环境还可能比较恶劣，对工人的身体健康也会有影响。

但是在创新力时代，劳动者们可就幸福多啦！他们可以在舒适的办公室里工作，使用着各种高科技的设备和技术。而且，随着远程办公的普及，他们可以在家里或者其他有网络的地方工作，可以灵活选择工作时间和地点。

最后，知识更新的要求不同。创新力劳动者得不断学习新知识、掌握新技能，才能跟上时代的步伐。他们不仅要会专业知识，还得会沟通、团队合作。这种综合能力对人的要求特别高。而传统劳动者呢，他们主要是需要熟练掌握一门技能，比如操作机器或者一个软件，然后通过不断练习来提高熟练度。

4．创新力在新型生产形式中的作用、价值以及意义

伙伴们，说到创新力在新型生产形式中的作用、价值和意义，那可真是让人眼前一亮呢！

第一，创新力可是个超级厉害的“魔法师”，它能让劳动者的能力大大提升，让他们更好地掌握新技术、新工具。他们工作起来就像飞一样快，效率超高！就像那些懂得数据分析的员工，能用大数据来优化生产流程，让决策更科学、更准确。

第二，创新力还能让劳动者变得更有创新精神。创新力劳动者总是乐于接受新思想、新技术，还能提出各种改进建议，推动技术进步和产品创新。这样一来，企业的竞争力就越来越强啦！

第三，创新力还能让劳动者快速适应市场变化。创新力劳动者总是能迅速学习新知识、新技能，在职业生涯中保持竞争优势。这样一来，企业就能在快速变化的市场环境中保持灵活性和适应性啦。

第四，创新力还强调团队协作和跨学科交流。有了它，人们就能在多元化团队中高效工作，不同学科和领域之间的交流和合作也会更加顺畅。

第五，具有创新力属性的工作将大大缩减工作时长。这样一来，人们会把更多的时间放在生活上，过更有品质的生活。

第六，创新力还包含了社会责任感。它会让劳动者在工作中考虑社会和环境的影响，推动企业履行社会责任，促进可持续发展。这样一来，咱们就能构建一个更加和谐的社会啦！

总之，创新力在新型生产形式中的作用、价值和意义是非常巨大的。如果你也想成为一个拥有创新力的劳动者，那就赶快努力学习、提升自己吧！

5. 创新力包含哪些能力要素

伙伴们，咱们来聊聊创新力有哪些超级酷的能力要素吧。创新力就像是一个超级英雄的“能力包”，里面装满了各种炫酷的技能和特质。

1> 创新思维

它就像是一个魔法棒，轻轻一挥，就能点亮你的大脑，激发出无穷无尽的创意和灵感。无论是面对复杂的问题，还是探索未知的领域，创新思维都能帮助你找到全新的解决方案，就像打开一扇通往未来的大门。

2> 数字化素养

这就是你的科技铠甲！在数字世界中，你可以轻松驾驭各种技术和工具，无论是数据分析、编程，还是虚拟现实，你都能游刃有余。你的数字化素养能让你在信息的海洋中畅游，轻松获取所需的知识和信息。

3> 跨学科知识

想象一下，你拥有一个无限大的知识库，里面装满了各种学科的知识和理论。这样你就可以随时调用这些知识，将它们融合在一起，创造出全新的想法和解决方案。跨学科知识让你的思维更加开阔，能够应对各种复杂的挑战。

4> 协作能力

这是你的超能力团队。你能够与他人紧密合作，共同完成任务。你的团队合作精神、人际沟通能力和领导力让你在团队中脱颖而出，成为大家信赖的伙伴。无论面对多大的困难，你都能带领团队一起克服。

5> 解决复杂问题的能力

你就像是一个超级侦探，能够用系统思维、批判性思维去分析复杂的问题，找到问题的根源，并提出有效的解决方案。你的分析能力和决策能力让你在关键时刻能够果断行动，做出正确的选择。

6> 社会责任感

你有一颗炽热的心，关心环保、社会伦理，积极参与解决社会问题。你的行动和言论都传递着正能量，影响着周围的人。你的社会责任感让你成为一个有担当、有情怀的人。

7> 终身学习能力

你就像一个永不满足的探索者，不断追求新知识、新技能。你的自我学习、自我管理能力让你能够持续成长和进步。你的终身学习能力让你在人生的道路上不断前行，迎接更多的挑战和机遇。

这些能力就像是你身上的超能力装备，让你在人生的舞台上更加耀眼和自信。所以，无论你想要追求什么梦想，都不要忘记培养自己的创新力。

创新力的出现，会大大提高生产效率，甚至有些工作可以直接使用人工智能完成，从而让劳动者有更多的休闲时间，营造自己的幸福生活。所以，掌握创新力，与时俱进地了解创新力的生活环境，是青年营造幸福生活的新钥匙。

创新力 ENGINE

学习引擎 LEARNING

组员分享

自修创新力的相关知识点，拓展阅读创新力相关政策信息，分享自己对于创新力的理解。

小组讨论

创新力在中国式现代化建设中将起到什么作用？

查遗补漏

用生涯访谈技术和资料采集的方法，建立与本专业相关的创新力手账 / 电子资料库，尽最大的可能收集 3 个与本专业相关的人工智能软件并应用尝试；了解使用智能软件后从业人员的生活发生了哪些变化。

后记

关于青年幸福力的思考，源于将大学生视为具有完整人格力量的社会人这一角度的思考，以及将青年时期视为漫长人生中的重要阶段所给予的重视和解读。这种思考在高校第二课堂的美育课程实践中孕育并逐渐发展。

我们看到，当下青年大学生所面临的困境，有很大一部分是在课本和课堂以外的场域中发生的。“公寓”代表着课堂之外最生活化、最多样化的情境。在公寓里，我们装扮自己、分享情感经历、畅聊未来规划，等等。当然，我们也会争论、争吵，面红耳赤甚至泪流满面……相较于教室，更真实、更丰富的“自我”呈现在公寓场域。

我们意识到，要提升青年的幸福力，除了学业成就，还有其他许多需要学习和获取的东西。本书提到的十个方面，是我们基于实践探索得出的、相当凝练的内容，当然也可以更加丰富。

在将这本书作为工具和辅助材料进行幸福力提升锻炼时，我们也想提出以下建议：采用青年人喜欢的形式来开展课程和使用教材。

你好，年轻人！你想写字、你想涂鸦、你想贴画、你想拍照，甚至你就想留白，去吧，尽情地按照你喜欢的方式，探索使用本书的乐趣吧！

你好，老师！你的学生最感兴趣哪个章节，你的学生最想采用什么样的参与方式，就放心大胆地让他们去尝试吧！

陈郁

毕业于清华大学美术学院染织服装设计系。青年可视化职业素养教育深度实践者、北京市三八红旗手、首位中国高等教育人物形象设计专业教学主任。服务大学生就业形象 400 多万人次，服务各类职场人职业形象活动 300 余场。

主编《人物形象设计教程》（国家十一五规划教材）、“北京市精品教材·人物形象设计系列”教材，著有《服装服饰礼仪》《商务形象设计教程》《大学生职业形象》《青年职业形象管理手册》等，均是填补空白的教材。《中华英才》杂志“政务形象”专栏作者。

创新素质教育，先后为医护从业者、法律工作者、选调生、教师、公务员、公益慈善志愿者系统性开发高校版及行业版可视化职业素养培训课程。

盛莉

北京大学法学硕士，中国高等教育学会辅导员工作研究分会理事，中级社会工作师。长期以来从事高校学生工作，聚焦青年特点研究、女大学生思想状况分析、困境大学生赋能等。

参与编写《学校社会工作实务》教材，发表《高校女大学生心理危机干预机制的研究》。

匡小静

曾任山西师范大学教师教育学院教学秘书，现任职于保定幼儿师范高等专科学校，担任“大学生创新创业教育”课程与“中华优秀传统文化”课程专任教师。曾被评为山西师范大学教师教育学院“三育人”模范、“学校优秀工作者”等，参与省级教改项目“山西省高校大学生评教有效性评估及提升策略”。

参与编写教育部特色教材《高中—大学生涯教育衔接系列教程：从理想大学到成功职场》，作为第一主编编写教材《大学生创新创业基础》。参与教育部“高校毕业生自主创业：动机、特征和支持机制研究——基于全国高校毕业生就业状况调查的分析”和“‘双一流’高校毕业生就业质量提升策略研究——基于高影响力教学实践的视角”等课题。主持河北省人力资源与社会保障厅课题“新质生产力背景下大学生返乡创业面临的困境与路径研究”。在《北京教育》《科学新生活》等刊物发表多篇论文。

借贷陷阱

安全力

生存能力

学生公寓

$,!

消防设施

物理空间安全

强密码

Wi-Fi 安全

防病毒软件

×

PUA

*

:

性健康

安全套

自愿原则

电器安全

双因素认证

火灾风险

个人隐私

情感操控

^

数字化安全